Silke Wichert   Nina Zywietz

THE
GERMANS

STIL UND IKONEN EINER NATION

teNeues

INHALT

Pragmatisch, praktisch – gut?
Über den Stil einer Nation

„Ah, ein negatives Buch!", war die spontane Reaktion eines Freundes, als wir ihm von unserem Buchprojekt erzählten. Die Deutschen in Sachen Stil – in diesem Punkt stehen sie sich durchaus kritisch gegenüber. Das Land ist bekannt für schnelle Autos, praktische Maschinen, resoluten Fußball. Für ein gewisses Savoir-vivre? Eher nicht. Dafür gibt es bei uns ja nicht mal ein Wort, allenfalls „Lebenskunst", wobei der Lebenskünstler ambivalent besetzt ist. Trotzdem haben die Deutschen natürlich, wie jede Nation, eine ganz eigene Art und Weise, mit Dingen umzugehen. Sie verfügen genauso über ästhetische Eigenheiten, besondere Vorlieben und eben auch über bestimmte Macken oder Marotten, die sie charakterisieren. Nur fallen sie einem selbst nicht unbedingt auf.

Der Blick von außen ist weniger verstellt. Wir haben beide einige Zeit im Ausland verbracht und sind oft gefragt worden, warum „the Germans" eigentlich dies und das und manches überhaupt nicht sind. Eine britische Kollegin wunderte sich, warum Angela Merkel eigentlich nicht Hosenanzüge von Jil Sander oder Boss trage. Seit Kurzem läuft Tatort im spanischen Fernsehen. Als erste durfte Charlotte Lindholm ermitteln, ein hübscher Prototyp für die schöne, kühle, rationale Deutsche; doch warum ausgerechnet diese Serie in ihrer Heimat jede Woche Millionen fesselt, hat sich den Spaniern noch nicht erschlossen. Die Amerikaner lieben Adidas, das Bauhaus und das Berghain und das alles ist für sie, ganz klar: „so German".

Wir dagegen hatten über vieles nie nachgedacht und für vieles auch keine Antwort. So entstand die Idee zu diesem Buch. Die Deutschen und ihren Stil beim Wohnen, Essen, Sporttreiben einmal genauer zu betrachten, prägnante Beispiele abzubilden, aber auch zu hinterfragen, warum die Dinge so sind, wie sie sind.

Bevor auch nur ein Satz geschrieben war, stand zumindest die Schrift schon fest: Futura. Ein serifenloser, geometrischer Font, der 1927 im Zuge der „Neuen Gestaltung" in Frankfurt entworfen wurde. Schnörkellos, modern, klar. Eigenschaften, die typischer-weise mit den Deutschen assoziiert werden.

Eine ganze Reihe von „Stereotypes" schickte das derzeit hysterisch gefeierte Pariser Label Vetements im Januar 2017 über den Laufsteg. Die Mailänder Dame im Pelzmantel, den Punk, die strenge Sekretärin, außerdem einen Mann mittleren Alters mit beigefarbenen Cargoshorts, weißen Turnschuhen mit Socken, Trekkingrucksack und durchsichtigem Regenmantel über einem Slogan-T-Shirt: „Ich komm' zum Glück aus Osnabrück!" Ein perfektes Abziehbild des praktisch veranlagten deutschen Touristen, vereinfacht und überzeichnet, stereotyp eben. Sicherlich wird auch in diesem Buch verallgemeinert, um eine überindividuelle Betrachtung zu ermöglichen, was nicht heißen soll, dass es unter den rund 80 Millionen keine „Germans" gibt, die vollkommen anders sind.

Wir selbst mussten feststellen, dass wir oft typischer sind, als wir uns eingestehen. Nicht nur, aber auch, weil eine von uns bei Feiern in Spanien immer noch Vollkornbrotschnittchen schmiert und damit die eigenen wie die anderen Kinder zur Verzweiflung bringt. Weil wir nach wie vor auf das so freundliche wie belanglose „How are you?" oder „Que tal?" eingehen, statt mitzufloskeln. Irgendwie haben wir die Dinge dann doch lieber „klipp und klar". Und am Ende haben wir, sehr zur Freude unserer Projektleiterin, dieses Buch sogar vor dem eigentlichen Termin abgegeben. #sogerman.

Silke Wichert & Nina Zywietz

Bayrischer Kauboi: Markus Wasmeier bei den Winterspielen in Calgary, 1988.

Herz und Rasen: Günter Netzer.

Speerspitzen: Olympiastadion Berlin.

Unterirdisch: der elterliche
Partykeller der Siebzigerjahre.

Tief im Westen: Zeche Zollverein.

Am See, wenn's mal wieder richtig Sommer wird.

Die Krüge: hoch.

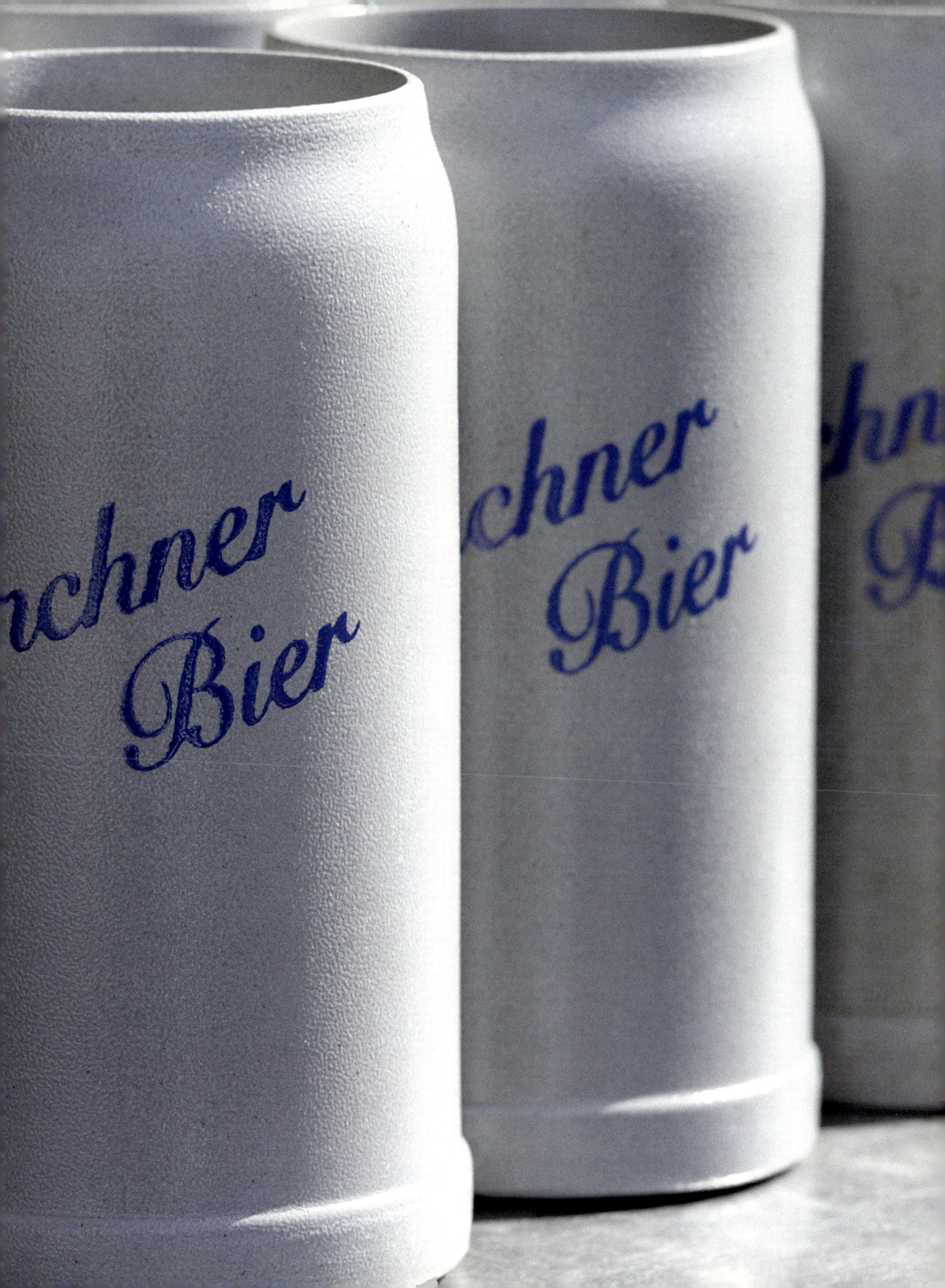
chner
Bier

1
DAHEIM

Das deutsche Wohnzimmer –
eine Ehrenrettung

von Oliver Jahn

Anfang 1929 erhielt Albert Einstein Besuch von Berlins Bürgermeister Gustav Böß. Zum 50. Geburtstag des Nobelpreisträgers wollte die Stadt ihrem berühmtesten Wissenschaftler ein Grundstück am Wasser schenken.

Mit einiger Chuzpe gelang es dem noch völlig unbekannten, jungen Architekten Konrad Wachsmann, das Ehepaar Einstein für sich zu gewinnen, und so entstand in Caputh mit Blick auf den Templiner See das ebenso schlichte wie schöne Sommerhaus, das bis heute zu besichtigen ist. Als es daran ging, das Holzhaus zu möblieren, wandte sich Wachsmann an Marcel Breuer, einen aufstrebenden Designer aus Dessau, dessen 1925 für Wassily Kandinsky entworfener Stuhl zu einer Bauhausikone geworden war. Doch der Nobelpreisträger lehnte ab. Er hatte absolut keine Lust, auf Möbeln Platz zu nehmen, die ihn an einen Operationssaal erinnerten, und ließ stattdessen ein paar der schweren Möbel aus seiner Wohnung in der Berliner Haberlandstraße herüberschaffen, die dort nicht mehr benötigt wurden. Dass einer von Berufs wegen unter der Woche das Universum in seinen Händen dehnte, hieß also noch lange nicht, dass er am Wochenende zuhause auf einem Stuhl aus gebogenen Metallrohren Platz nehmen wollte.

Wie die Anekdote zeigt, sieht die Alltagsrealität, nicht zuletzt die des Wohnens, oftmals ganz anders aus, als sich das Architekten, Designer und Berufsästheten einer jeden Generation ausmalen. Natürlich wäre es jetzt ein Leichtes, ausgehend von dieser vermeintlich antimodernistischen Haltung der Einsteins, wieder einmal die Geschichte der angeblichen deutschen Geschmacklosigkeitskultur zu erzählen. Natürlich sind wir die Nation der Schrankwände und Sofagarnituren, der Kuckucksuhren und der Kehrwoche, Fanatiker der Funktion, Meister des Gelsenkirchener Spätbarocks, in stiller Hingabe an die Apotheose der Halt- und Abwaschbarkeit. Weiße Veloursledersofas? Niemals.

Doch weder guter noch schlechter Geschmack hat zunächst irgendeine Nationalität. Geschmack hat viel mit Urteilsvermögen zu tun, und dessen Ausbildung erfordert Zeit (zum Vergleichen und Wählen der Optionen), Geld und ein gewisses Maß an Leidenschaft, um sich mit der ganzen Chose überhaupt beschäftigen zu wollen. Auch die Wahl der Einsteins lässt sich letztlich ganz pragmatisch erklären: Nach dem selbstfinanzierten Bau ihres Sommerhauses war das Konto leer. Die Operationssaalmöbel aus Dessau waren schlicht nicht mehr drin.

Und noch etwas kann man aus der Einstein-Anekdote lernen: Eine Geschichte des Wohnzimmers – des deutschen wie auch jedes anderen – kann einerseits als glamouröse Gestaltungs- und Ideengeschichte des Möglichen und ihrer Inspirationskraft erzählt werden, andererseits aber auch als mentalitäts- und kulturspezifische Sozialgeschichte des Realen und ihrer Geborgenheitsversprechen. Das Spannungsfeld zwischen Utopie und Wirklichkeit liegt auch hierzulande irgendwo zwischen einem 200 Jahre alten Intarsienschrank und einer Pressspanvitrine.

Einen besonders aussagekräftigen Blick auf den Ist-Zustand deutschen Wohnens hat die Hamburger Werbeagentur Jung von Matt geworfen. Allein auf der Basis von Umfragen und empirischen Daten haben sie 2004 zum ersten Mal unter dem Dach ihrer Agentur ein Musterwohnzimmer aufgebaut (und über die Jahre immer wieder aktualisiert), nachgestellt aus den Gegenständen, die in Deutschland statistisch am meisten verkauft werden. Schrankwand, Nippes, Couchgarnitur, Glastisch, Orchideen, Efeu und Weihnachtssterne. Bis in die Schubladen hinein stimmen die Details: vollgestopft mit saisonaler Deko, Servietten, Gebrauchsanleitungen, alten Unterlagen, Kabeln, alten Fernbedienungen. Rund 8 000 Euro gibt der Durchschnittsdeutsche laut Jung von Matt für seine Wohnzimmereinrichtung aus. Lieber aus dem Möbelhaus als vom Flohmarkt.

Den Werbern dient dieser hyperrealistische Einblick natürlich dazu, das Kaufverhalten der Kunden zu studieren. Zugleich wird aber auch deutlich, was Gert Selle in seinem Buch *Die eigenen vier Wände – Wohnen als Erinnern* erschöpfend beschrieben hat: Eine Wohnung ist immer auch Museum des eigenen Ichs, einen emotional stärker aufgeladenen Ort als das Wohnzimmer gibt es nicht. Entsprechend viel verrät es über den Bewohner. Man sollte sich jedoch davor hüten, vor dem safrangelben Sofa und dem Foto der New Yorker Arbeiter, die auf einem Stahlträger sitzen und frühstücken, die Nase zu rümpfen. Denn ganz egal, ob ich meine skandinavischen Mid-Century-Vasen auf einem seltenen Vintage-Sideboard aus Frankreich aufgestellt habe oder eine Kollektion Happy Hippos aus dem Überraschungsei auf der Fensterbank aufreihe – die Unterschiede sind letztlich marginal. Beides folgt dem Ausdrucks- und Stilwillen der Persönlichkeit.

Auch der Wunsch nach Abgrenzung vom Durchschnitt, der im Wohnzimmer am sichtbarsten wird, ist so weit verbreitet, dass er selbst schon wieder durchschnittlich ist. Wie groß der Grad der individuellen Verfeinerung auch sein mag, Demut ist also angebracht. Zumal anthropologisch gesehen seit der Steinzeit in Sachen Wohnen kaum etwas passiert ist. Es geht um eine Höhle, in die man sich schutzsuchend zurückzieht. Egal, was heute technisch machbar ist – die Kugel, das gläserne Haus, fließende Grenzen zwischen Innen und Außen: Am Ende sorgen all diese Spielereien bei den meisten Menschen für ein gewisses Unbehagen, man hängt im wahrsten Wortsinn nach wie vor an vier Wänden, Türen, einem Dach und ein paar Fenstern als Ordnungssystem seiner Geborgenheitsbedürfnisse.

Was nicht heißt, dass man sich nicht an allen Spielarten der Delikatesse rund um seinen Coffeetable erfreuen dürfte. Vor einigen Jahren hat der Historiker Erwin Seitz unter dem Titel *Die Verfeinerung der Deutschen* eine 800 Seiten starke alternative Kulturgeschichte vorgelegt, die mit besonderem Augenmerk auf die reiche Entwicklung der deutschen Kochkunst und Tischsitten die Legende zerlegt, dass die Deutschen traditionell über wenig Lebensart verfügten. Man sollte dieses grandiose Buch am besten gleich zusammen mit den 220 Millionen Exemplaren des Ikea-Katalogs verteilen oder Frischvermählten bei der Hochzeit aushändigen wie einst die Bibel. Und das weniger als Katechismus, sondern vielmehr als stilistischen Klischeezerstäuber für eine Nation, deren überraschend ausgeprägter Sinn für das Lässige, Originelle und Raffinierte hier über Jahrhunderte hinweg aufgefächert wird.

Ihm an die Seite stellen müsste man dringend eine ähnlich angelegte Stilgeschichte des deutschen Wohnens. Denn Beispiele der Verfeinerung und des Gelingens einer spezifisch deutschen Wohnkultur lassen sich seit dem Spätmittelalter bis hinein in die Gegenwart finden. Spätestens seit den berühmten Rokokobauten in Bayreuth, München oder Potsdam lassen sich Entwicklungen nachzeichnen, die in der Goethezeit und in Schinkels Berlin zu einer eigenständigen Form des Klassizismus führten und in jenes Vokabular des Biedermeier übergingen, das bis heute vieler-

Trautes Heim, Glück allein. Fotografie von Herlinde Koelbl aus ihrem Buch Das deutsche Wohnzimmer.

*Zuhause bei Schillers: das Wohnzimmer
des Dichters in Weimar.*

„Der Wunsch nach Abgrenzung vom Durchschnitt, der im Wohnzimmer am sichtbarsten wird, ist so weit verbreitet, dass er selbst schon wieder durchschnittlich ist."

orts die deutsche bürgerliche Wohnkultur prägt. Mit dem Jugendstil gewann deutsches Design internationale Bedeutung, bevor schließlich die Reduktion der Formen und die funktionalen Ideen des Bauhauses bis heute wegweisend wurden für die internationale Formensprache der Moderne.

Leuchtende Beispiele gibt es viele. Fahren Sie einmal nach Weimar ins Schillerhaus und schauen sich die privaten Räume des Dichters unterm Dach an, die er sich mit großer Stilsicherheit 1801 eingerichtet hat. Goethe und Schiller waren richtige Interior-Profis, bis in kleinste Details hinein. Letzterer war hingerissen von den aus England kommenden, hochmodernen Rollen-Papiertapeten; er sprach gern von den „Verzierungen an meinem Horizonte", wenn er von den von ihm bevorzugten rosafarbenen Bordüren schwärmte. Oder besuchen Sie einmal den preußischblau gestrichenen Salon im Tegeler Schloss, den Karl Friedrich Schinkel 1821 für Wilhelm von Humboldt eingerichtet hat. Irre schick. Biedermeier ist eh das neue Bauhaus.
Oder die Villa Stuck in München, diese hochkomplexe Fin de Siècle-Folie, meine Güte, wie cool der Malerfürst mit nackten Glühbirnen umzugehen wusste. Richard Riemerschmid, Peter Behrens, Bruno Paul – Giganten des Formgefühls. Vom Bauhaus wollen wir gar nicht erst anfangen. Fritz Langs Kupferbar und privates Stahlrohr-Gym in seiner Dahlemer Wohnung, 1932 von Martin Munkácsi in *Die Dame* mit einer Hochglanz-Reportage verewigt. Mies van der Rohe, der sich über die Verteilung der Stühle im Raum so viele Gedanken machte wie andere Architekten über die Gruppierung von Gebäuden um einen Platz. Sep Rufs Kanzlerbungalow am Rhein, mit den weißledernen Rockefeller-Chairs von Charles Eames, in denen keiner der deutschen Bundeskanzler so weltläufig fläzte und quarzte wie Helmut Schmidt. Die plüsch-poppigen Space-Age-Höhlen der Sechziger und Siebziger, der Kunststoffpapst Luigi Colani, der

seine Weltraumwohnzimmer auf einem Schloss in Westfalen ausbrütete.

Als Herlinde Koelbl dann 1980 ihren Fotoband *Das deutsche Wohnzimmer* vorlegte, war dies nicht nur eine Bestandsaufnahme bundesrepublikanischer Gemütlichkeitsfantasien quer durch alle Einkommensklassen, sondern auch knackiger Realitätscheck all dieser überkommenen gestalterischen Glücksversprechen der guten Form, deren plüschverbrämte Schwundstufen hier nun zu besichtigen waren.
Heute hat das deutsche Interior Design in der Spitze längst gleichgezogen mit den Granden aus Paris, London und New York. Schauen Sie sich die Projekte eines Jan Reuter an, Robert Stephan, Gisbert Pöppler, Oliver Jungel, Ester Bruzkus und Patrick Batek, die imposanten Bunker-Penthäuser von Christian Boros oder Stefan Höglmaier oder die schwarze Kölner Villa eines Marc Meiré. Das ist Verfeinerung vom Feinsten, von Wohnzimmern mag man da schon nicht mehr sprechen. Das ist vollendete Lebenskunst, die internationaler nicht sein könnte.

Wenn es eine Person gibt, die all diese Jahrhunderte von Stilkultur in sich aufgenommen hat wie ein metabolisches Gefäß und zu einem eigenen Ausdruck formt, der niemals nachgeahmt werden könnte, dann ist das Karl Lagerfeld. Dieser überragende Alchemist alles Ästhetischen reist auch als Wohnender leichten Fußes durch alle Zeiten und verleibt sich die Epochen ein bis zur letzten Rocaille, um sie dann postwendend wieder abzustoßen. Mal eben 250 Jahre Wohnkultur – nur deutsche wäre dem Hamburger Weltenbürger natürlich viel zu wenig – schießen hier in einer Biografie zusammen und machen aus der Parallelerzählung des Möglichen und Lebbaren ein fulminantes Feuerwerk. Wie sehr diese Kräfte am Verständnis der Zuschauer zerren können, wurde besonders im Jahr 1983 deutlich. Gerade hatte Lagerfeld seine erste Kollektion für Chanel vorgelegt,

Zeigen, dass man flüssig ist: Statussymbol Hausbar.
Bei Regisseur Fritz Lang in Berlin war sie aus Kupfer.

*Kein Hoch auf die Gemütlichkeit: Karl Lagerfeld Anfang der Achtziger
in seinem mit Memphis-Möbeln ausgestatteten Penthouse in Monaco.*

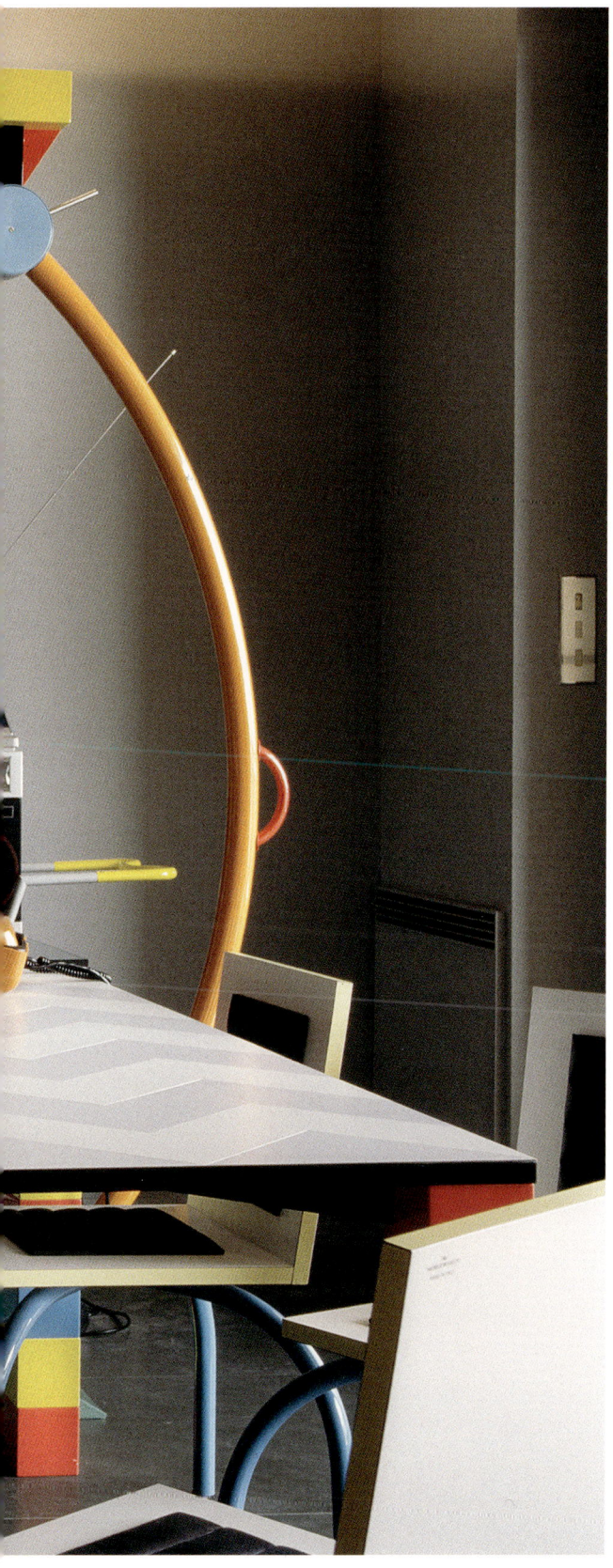

als er sich am Strand von Monte Carlo in einem Hochhaus ein riesiges Penthouse einrichtete. Und zwar komplett mit den ebenso bunten wie sperrigen Stücken einer jungen Gruppe Mailänder Designer, über die gerade alle sprachen. „Memphis" war die vollkommene Zerstörung der Gemütlichkeit. So wohnen wollte und konnte wohl niemand. Bis auf Karl Lagerfeld.

König der Konsequenz, der er immer war, beschränkte sich sein Statement-Domizil natürlich nicht auf ein paar Key Pieces. In einer kleinen deutschen Zeitschrift namens *Mode und Wohnen* erschien im besagten Jahr eine opulente Strecke von Regina Spelman und Jacques Schumacher über das 350-Quadratmeter-Apartment, das so kompromisslos (und darin vielleicht sehr deutsch) daherkam wie ein Konzeptalbum von Kraftwerk. Mitten im Wohnzimmer ruhte auf schwarzweißem Blockstreifensockel Masanori Umedas berühmter Boxring mitsamt den regenbogenfarbenen Kissen und Teegeschirr. Alles bunt und fröhlich. Und grandios unbequem.

Aber um Gemütlichkeit ging es dem ewig zukunftsversessenen Geschmacksgiganten sowieso nicht. Er wusste, dass seine Kollegen zum Teil noch residierten wie im Zweiten Kaiserreich und dass nicht wenige Innenarchitekten schockiert waren. Es dürfte ihn köstlich amüsiert haben, denn nichts hasst der Regisseur des Raffinements mehr als Stillstand, Konformität und mangelnden Esprit. Ernesto Gismondi, immerhin einer der Produzenten der Möbel, sah das jedoch völlig anders und schrieb über die Wohnung: „Wenn man darin fünf Minuten verbracht hat, empfindet man das dringende Bedürfnis, sich eine Kugel in den Kopf zu jagen."

Oliver Jahn ist Chefredakteur von AD – Architectural Digest.

TOTAL INTERNATIONAL

Das Bauhaus wird häufig als typisch deutsch bezeichnet — **obwohl es genau das nicht war und erst recht nicht sein wollte.**

Schriftzug am Bauhaus in Dessau –
entworfen vom Österreicher Herbert Bayer.

von Christian Hiller

International wird der Begriff „Bauhaus" ganz selbstverständlich mit der historischen Architektur- und Designschule in Verbindung gebracht. Hierzulande denkt ein großer Teil dabei wohl eher an eine Baumarktkette. Das Bauhaus ist vielen Deutschen bis heute fremd geblieben – vielleicht, weil es aus der Binnenperspektive gerade nicht „typisch deutsch" ist und genau das auch nie sein wollte. Skepsis gab es von Beginn an – in Weimar und Dessau stand die Bevölkerung dem Bauhaus und vor allem dessen exzentrischen Protagonisten äußerst kritisch gegenüber. Nicht nur die experimentellen Designkonzepte waren radikal, auch die reformerischen Lebensentwürfe sorgten für Verunsicherung: Gleichberechtigung der Geschlechter, vegetarische Ernährung und Freikörperkultur trafen auf wenig Verständnis in der breiten Masse. Wenn die Bauhäusler in Kostümen auf die Straße gingen und Feste feierten, erfüllte das viele Nachbarn mit Schrecken. Und das war auch Teil des Konzepts.

Das Bauhaus wurde 1919 von Walter Gropius in Weimar gegründet – nur wenige Monate nach dem Ende des Ersten Weltkriegs. Das durch die hoch technisierte Kriegsführung verursachte Massensterben hatte bei etlichen ein Umdenken ausgelöst. Auf der anderen Seite klammerten sich viele Deutsche nach der verheerenden Niederlage an die Vorstellung einer Rückkehr ihrer Nation zu alter Macht. In diesem gesellschaftlichen Spannungsfeld entstand die Weimarer Republik, die zunächst eine sozialreformerische und weltoffene Politik verfolgte. Die Geschichte des Bauhauses ist eng verknüpft mit dem Aufkommen und dem Niedergang der ersten deutschen Demokratie.
Und doch war das Bauhaus kein deutsches Phänomen. Ganz im Gegenteil: Eine der Grundideen war, das Nationale hinter sich zu lassen und Grenzen zu überwinden. Besonders in der internationalen Künstler- und Intellektuellengemeinschaft war durch den Schock des Krieges der Wunsch nach einer

Abkehr vom nationalistischen Denken groß. Auch wenn das Bauhaus in Deutschland entstand und das Streben nach funktionalem Design typisch deutsch erscheinen mag, war es von Anfang an ein internationales Projekt. Verantwortlich für die Berufung des Gründungsdirektors Walter Gropius war der belgische Architekt Henry van de Velde, der bis 1917 die Großherzoglich-Sächsische Kunstgewerbeschule Weimar geleitet hatte. Das Bauhaus entstand aus dem Zusammenschluss der Kunstgewerbeschule mit der Großherzoglich-Sächsischen Kunstschule Weimar. Viele Konzepte, die später dort weiterverfolgt wurden, hatte van de Velde bereits an der Kunstgewerbeschule erprobt und etabliert.

Walter Gropius, der inspiriert war von amerikanischer Industriearchitektur, von Wolkenkratzern, industrieller Massenproduktion und Fordismus, versah gleich den ersten Band der Bauhaus-Bücher mit dem Titel *Internationale Architektur*. Darin versammelte er programmatische Wohnanlagen, Fabriken, Hochhäuser und Stadtentwürfe aus Europa, Nord- und Südamerika und Russland. Sie alle sind bestimmt durch funktionelle Ordnung, technische Prinzipien und geometrische Formen, die wiederholt und gereiht werden. Die passenden Materialien: Glas, Stahl, Backstein und Beton.
Entsprechend international war auch die Lehrerschaft am Bauhaus: der russische Maler Wassily Kandinsky, der ungarische Medienkünstler László Moholy-Nagy, der Schweizer Johannes Itten, der deutsch-amerikanische Maler Lyonel Feininger, um nur einige der Formmeister – der offizielle Titel der Bauhaus-Lehrer – zu nennen. Aus der ganzen Welt kamen Schüler ans Bauhaus. Sie brachten ihre internationalen Perspektiven mit und trugen ihre Bauhaus-Erfahrung in die Welt hinaus.

Im Grunde ist das Bauhaus also vor allem deshalb international, weil es von Beginn an so ausgerichtet war – und weil es von den Nationalsozialisten schließlich aus Deutschland vertrieben wurde. Bereits 1925 musste das Bauhaus aufgrund politischen Drucks von Weimar nach Dessau ziehen, wo es mit dem Bau der Bauhaus-Schule und der Meisterhäuser – bis heute Architekturikonen – seinen Höhepunkt erlebte. 1932 wurde der Standort Dessau geräumt. Für kurze Zeit bestand das Bauhaus in Berlin weiter, 1933 wurde es schließlich aufgelöst. Selbst der betont unpolitische Ludwig Mies van der Rohe hatte als dritter Direktor die Zerschlagung durch die Nationalsozialisten nicht verhindern können.

Die hatten eine gänzlich andere Vorstellung von Kunst, Gestaltung, Architektur und Internationalität. Auch wenn das Großdeutsche Reich die ganze Welt umfassen sollte, die gestalterischen Konzepte waren völkisch-historisierend. Der internationale Stil und seine Flachdächer, Glasfassaden, reduzierten Formen und weißen Wände wurden verfemt. Die Weißenhofsiedlung des Werkbundes in Stuttgart, 1927 unter der Leitung Ludwig Mies van der Rohes von den führenden Vertretern des Neuen Bauens errichtet, haben die Nationalsozialisten als „Araberdorf" diskreditiert, das Bauhaus pauschal als „entartete Kunst" geächtet. Die Dessauer NSDAP forderte den Abriss der Bauhaus-Gebäude. Ausländische Lehrtätige sollten fristlos gekündigt werden, Anhänger des linken Spektrums wurden als Volksfeinde verfolgt. Auch der zweite Bauhaus-Direktor Hannes Meyer musste 1930 das Land verlassen. In der Hoffnung, dort seine Ideen einer gerechteren Welt umsetzen zu können, emigrierte er mit einer Gruppe von Bauhaus-Schülern in die Sowjetunion.
Viele weitere Bauhäusler suchten das Exil in Russland, Südamerika, den Vereinigten Staaten und Palästina. In Tel Aviv waren geflohene Bauhäusler an der Umsetzung der „Weißen Stadt" beteiligt – mit mehr als 4000 Gebäuden bis heute das größte Bauensemble des internationalen Stils. Die emigrierten Bauhäusler nahmen ihre Visionen mit; manchen gelang es, ihre Ideen in anderen Ländern umzusetzen

und weiterzuvermitteln. Walter Gropius und Marcel Breuer unterrichteten an der School of Design in Harvard. László Moholy-Nagy gründete das „New Bauhaus" in Chicago. Josef Albers wurde ans Black Mountain College berufen, wo er auf John Cage, Merce Cunningham und Richard Buckminster Fuller traf. Hannes Meyer wurde Direktor am Institut für Städtebau und Planung in Mexico City. Mies van der Rohe ging an das Illinois Institute of Technology und gründete ein Architekturbüro in Chicago, mit dem er Architekturikonen wie die Neue Nationalgalerie in Berlin oder das Seagram Building in New York schuf. Die Ideen des Bauhauses verstreuten sich mit seinen Protagonisten über die Welt. Durch die Vertreibung aus Deutschland wurde es erst recht global.

Trotz der internationalen Erfolgsgeschichte haben die Deutschen das Bauhaus lange Zeit nur stiefmütterlich behandelt. Erst seit ein paar Jahren kommt es auch in Deutschland in Mode. Die Stahlrohrmöbel des Bauhäuslers Marcel Breuer, der mit seinem Wassily-Stuhl und den Freischwingern einst den Möbelbau revolutionierte, dürfen heute in keinem Luxusloft mehr fehlen. Neue Wohnbauprojekte werden gleich als Bauhausstil verkauft. Hunderttausende Touristen besuchen jährlich die drei Bauhaus-Institutionen in Weimar, Dessau und Berlin. Das internationale Interesse ist größer denn je, und der Bauhaus-Mythos wird bis zum hundertjährigen Jubiläum im Jahr 2019 weiter befeuert. Der Deutsche Bundestag schreibt zur Programmplanung des Jubiläums: „Das Bauhaus gehört der Welt, aber es kommt aus Deutschland und ist einer der erfolgreichsten Exportartikel unserer Kulturgeschichte." Klingt gut, obwohl es sich, genau betrachtet, wohl eher um einen Exil-Artikel der deutschen Kulturgeschichte handelt.

Christian Hiller ist Medienwissenschaftler, Kurator und Publizist. Von 2009 bis 2014 war er Gastkurator am Bauhaus Dessau, seit 2015 ist er Teil der Arbeitsgruppe „projekt bauhaus".

„Walter Gropius, der inspiriert war von amerikanischer Industrie-architektur, von Wolkenkratzern, industrieller Massenproduktion und Fordismus, versah gleich den ersten Band der Bauhaus-Bücher mit dem Titel *Internationale Architektur.*"

Bauhaus in den Staaten:
bei Inge und Walter Gropius in Massachusetts

Sonntags, Viertel nach Acht.

tatort

TOTENSONNTAG

Und wehe, es ruft jemand an: die Deutschen und der *Tatort*

von Silke Wichert

Die Woche langsam ausplätschern lassen, mit etwas Leichtem zum Schluss, bevor am Montag wieder der Ernst des Lebens losgeht. Klingt vernünftig. Was machen die Deutschen? Sie nehmen lieber die schwere Kost: Am Sonntagabend, 20.15 Uhr, sitzen bis zu 12 Millionen Zuschauer vor dem Fernseher und schauen *Tatort*. Genauer: Sie zelebrieren den *Tatort*. Ganze Familien oder Freundeskreise rotten sich vor dem Fernseher zusammen, um Mord und Totschlag zu verfolgen. Es gibt Tippgemeinschaften, die bis Minute 30 den Namen des möglichen Mörders per SMS abgeben. Oder man geht direkt in die Kneipe zum Public Viewing und setzt dort 5 Euro auf seinen Verdächtigen. Und wehe, es ruft mittendrin jemand an. So viel Taktlosigkeit und Ignoranz wird quasi als Straftat gewertet.

Wenn die Deutschen etwas machen, dann machen sie es eben richtig. Gewohnheitstäter sind sie obendrein. Aber worin liegt die Faszination, dass sogar Expats in Foren ihr „Recht auf *Tatort*" einfordern und schließlich per Livestream bis nach Kanada einfach damit weitermachen?

Der *Tatort* sei „Landeskunde, Ethnologie und, weil es ihn schon so lange gibt, Alltagsgeschichte der Republik", hat Hans Magnus Enzensberger es einmal formuliert. Wer die Krimireihe verfolgt, bekommt stets ein halbwegs authentisches Stück Deutschland serviert, immer aus einem anderen Bundesland. Ein wöchentlicher Spiegel, wie er nur im Föderalismus entstehen konnte, den die Deutschen immer mal wieder beschimpfen, aber doch so lieben: weil man zwar eins ist, aber sich auch so gern voneinander abgrenzt. Der prollige Schimanski aus Duisburg in

seinem versifften Parka; die reine, kühle Charlotte Lindholm aus Hannover; die herzlich bis grantigen Münchner – alles regionale Spezialitäten. Und wahrscheinlich ist es kein Zufall, dass ausgerechnet die Komiker aus Münster das beliebteste Ermittlerteam sind. Vielleicht sind es die Deutschen insgeheim doch ein bisschen leid, immer härtere Psychopathen und noch düsterere Themen mitanzusehen. Abschalten tun sie deshalb natürlich trotzdem nicht, nicht mal beim Einsatz am Bodensee.

Häufig wird die Krimireihe als Schmierstoff der Republik bezeichnet. Ein verbindendes Element der Gesellschaft mit öffentlich-rechtlichem Bildungsauftrag. Aber abgesehen vom Diskurs am Montag („Hast du geguckt?" „Wird immer blutiger." „Komisch, diese neuen Berliner.") ist *Tatort*-Gucken ja ein ziemlich ungeselliges, einsilbiges Vergnügen. Geredet wird über 90 Minuten kaum, wer den Plot zerlabert, gilt als Kostverächter. Das passt zu einer Gesellschaft, die gern als Stubenhocker bezeichnet wird, während die Engländer viel Zeit im Pub verbringen und die Spanier dauernd in die Bar gehen – einfach so, der Geselligkeit wegen. Die Deutschen dagegen schätzen die imaginäre Gemeinschaft, den schönen Gedanken daran, dass ein Viertel der Landsleute den Abend jetzt genauso verbringt wie sie. So wird der *Tatort* zum quasi-nationalen Event, wie bei Fußballländerspielen.

Der Kölner *Tatort*-Kommissar Klaus J. Behrendt zog in einem Interview folgenden Vergleich: Wie beim Fußball gebe es beim *Tatort* verschiedene Teams, und jedes Team habe seine eigenen Fans. Nur, und damit ist der *Tatort* klar im Vorteil: Am Ende gewinnt immer die richtige Mannschaft.

NÜRNBERG, SEPTEMBER 2011

Ein Schäferhund namens Herr Ober

Ein etwas eigentümlicher Name für einen Hund, „Herr Ober", dachte ich damals, aber Herr Ober ist auch nicht irgendein Schäferhund. Dieses Exemplar hier ist, beziehungsweise war, der Boris Becker der Schäferhundzucht, ein absoluter Champion der Szene. Kennengelernt habe ich ihn 2011 für eine Reportage im *Stern*. Als Fotograf durfte ich in den vergangenen Jahren alle möglichen Gaukler, Artisten, große und kleine Tiere fotografieren, ihnen dabei zusehen, wie sie in der Manege agieren oder einfach vor der Kamera ihre Persönlichkeit darstellen. Für mich gibt es keinen besseren Beruf. Immer geht es darum, als Außenstehender in eine andere, neue, völlig fremde, manchmal bizarre Welt einzutauchen.

Die Szene der Schäferhundzucht war mir vollkommen unbekannt. Seit meiner Kindheit habe ich schreckliche Angst vor Hunden, kann gerade einen Pudel von einem Dackel unterscheiden. Ich hatte keine Ahnung, wie groß und weltweit vernetzt der Handel mit Deutschen Schäferhunden funktioniert. Hausbesuche bei einschlägigen Zuchtvereinen, stundenlange Vorträge über diese und jene Stammbäume, Züchter, die von USA über China bis Japan auf Auktionen Rekordpreise erzielen – der Schäferhund ist zweifellos eine große deutsche Marke. Vor allem in China gilt er als Status-Hund schlechthin: wachsam, furchtlos, intelligent, absolut gutartig. Prämierte Rüden können

beim Verkauf sechsstellige Summen bringen. Allein ein „Deckakt" von ihnen kann 1 000 Euro kosten. Zu jährlichen Weltmeisterschaften kommen tausende Züchter und Fans für mehrere Tage in eine Fußballarena, um ihren Weltmeister zu küren. Ein Top-Model-Contest der Extraklasse, mit Parcourswettläufen, Sprungwettbewerben und Apportieren, umgeben von allerlei Souvenirständen, die alles zum Thema Schäferhund anbieten. Eine fremde, bizarr schöne Welt.

Persönlicher Benefit meiner Reise: Die ursprünglich große Angst vor Hunden hat sich in Respekt umgekehrt, und ich kann einen Schäferhund von einer Promenadenmischung unterscheiden.
Herr Ober war damals bei unserem Treffen schon etwas angegraut, doch seine Lebensleistung kann ihm keiner mehr nehmen. An die hundert Pokale und Medaillen müssen es sein, die er über die Jahre gewonnen hat, alle ordentlich in Eiche massiv verwahrt. Voller Würde sitzt er da im Wohnzimmer seiner Herrchen; sein Service – immer tadellos.

Peter Rigaud gehört zu den international gefragtesten Portraitfotografen. Der Salzburger mit Wohnsitz in Berlin hat neben Herrn Ober auch schon Persönlichkeiten wie Quentin Tarantino oder Joachim Gauck fotografiert.

2
MODE

Als Jil Sander kurz mal wieder von Jil Sander war:
bei den Mailänder Modenschauen im September 2012.

INTERVIEW MIT DER KULTURWISSENSCHAFTLERIN BARBARA VINKEN

Warum kleiden sich die Deutschen, wie sie sich kleiden? Weil sie auch bei Mode so tun, als ginge es um ein Kosten-Nutzen-Verhältnis.

In einem Artikel in der *Zeit* stand einmal, in Deutschland wisse man nicht, dass Mode eine Sprache sei. Auch wenn man sich also betont so anzieht, als wolle man damit überhaupt nichts ausdrücken, kommuniziert man damit natürlich eine ganze Menge. Würden Sie dem zustimmen?

Barbara Vinken: Wie hat es Karl Lagerfeld formuliert? „Der Mode entkommt man nicht." Das ist vielen Leuten nicht klar. Die zur Schau getragene Gleichgültigkeit gegenüber den Kleidern, die man trägt – das ist im Prinzip ein sehr modischer Gestus. Glaubt man Friedrich Nietzsche, ist es der modische Gestus der Moderne schlechthin, in seinen Kleidern zu zeigen, dass man Wichtigeres zu tun hat, als an die Kleider zu denken, die man trägt. Der Bürger im Anzug bringt diesen Sprechakt erfolgreich an den Mann, die emanzipierte Frau tut es ihm nach: Sie hat etwas anderes im Kopf als die Frisur, die sie darauf trägt.

Sie sprechen in diesem Zusammenhang von „aggressiver Nichtmode". Ist diese demonstrative Ablehnung nicht auch ein bisschen überheblich?

Überheblich und auch narzisstisch. Der Subtext ist ja: „Bitte guck nach meinen inneren Werten, die so wertvoll sind, dass ich mich um Oberfläche nicht scheren muss! Bei mir geht es nämlich um mehr!"

Woher kommt diese Haltung?

Ursprünglich war sie anti-höfisch, eine bürgerliche Gegenreaktion. Was macht den Hof aus? Bei Hof geht es darum, den anderen zu gefallen, ihnen zu Gefallen zu sein, sie für sich einzunehmen und für sich zu gewinnen. Es handelt sich um eine Kultur des Schmeichelns oder positiv gesagt: um eine Kultur des *plaisir*, des Gefallens. Die entstehenden Republiken sahen darin unlautere, weibisch-sinnliche Mittel, die einem ganzen Mannsbild, das mit beiden Beinen fest und breitbeinig auf dem Boden der Tatsachen steht, nicht anstehen. In Deutschland, so kann man sagen, hat das Bildungsbürgertum die Aristokratie reformiert; in Frankreich sind die Werte der Bürger trotz Revolution aristokratisch geprägt.

In Ihrem Buch *Angezogen* erwähnen Sie Nietzsche, der argumentiert, wirklich modern sei eigentlich nur eine gleichbleibende Mode. In der Moderne habe man die Mode im Grunde überwunden. Ist das ein Gedanke, der betont fortschrittsgetriebenen Gesellschaften noch immer gefällt? Dass man dieses Rückständige, sich ständig anders zu verkleiden, irgendwann hinter sich lässt?

Dieses Hoffen auf eine Modedämmerung ist tatsächlich stark ausgeprägt. Das war es übrigens in allen protestantisch geprägten Ländern: in den USA, sicherlich auch in vielen skandinavischen Ländern. Nietzsche macht da schon eine sehr raffinierte Bewegung. Im Prinzip setzt er Mode gegen Moderne und wertet alles um, was Mode ausmacht: ihren saisonalen Wechsel, ihr Vergängliches, ihren Willen zur Distinktion. Nietzsche meinte, die Mode solle nicht der Unterscheidung, sondern der Vereinheitlichung dienen. Wenn wir alle immer gleich aussehen – dann sind wir in der Moderne angekommen.

Nietzsche sah da auch schon ein Kleidungsstück, das seiner Meinung nach sehr modern war.

Den Anzug, den der „reife Europäer" trägt. Also die Männer, die Geistesmenschen waren, beziehungsweise die – hier steckt bezeichnenderweise doch wieder ein Verkleidungsmoment drin – zumindest so aussehen wollten, als ob sie Geistesmenschen wären. Die Frauen jedenfalls, hinterherhinkend, waren nicht modern, und als fast genauso unreife Europäer galten Nietzsche die jungen Männer, Dandys, Frauenmänner – weit abgeschlagen.

Danach ist die aktuelle Gesellschaft hoffnungslos unmodern. In der Herrenmode steckte der Anzug zuletzt eher in der Krise, viele Männer wollen sich optisch bewusst differenzieren.

Ja, die Männermode wird seit zwanzig Jahren immer „weibischer"; die von so vielen erhoffte „Moderne" ist glücklicherweise nicht wahr geworden. Die Voraussagen einer Modedämmerung haben sich nicht erfüllt.

In Umfragen geben 44,8 Prozent der Deutschen an, sich kaum oder gar nicht für Mode und deren Trends zu interessieren. Dafür lesen allerdings erstaunlich viele Frauen und Männer Modezeitschriften und gehen in trendigen Läden wie Zara oder H&M einkaufen. Wollen viele nur nicht zugeben, sich mit Klamotten zu beschäftigen?

Also erst mal: Das ist weniger als die Hälfte. Mehr als die Hälfte ist also modisch interessiert. Und man muss den Leuten ein bisschen Zeit lassen und das vor dem Hintergrund sehen, was immer über die Mode gesagt worden ist. Wenn wir uns die Kritik an der Mode ansehen, dann gilt sie bestenfalls als Kompensation dafür, dass man keine anderen Ausdrucksmittel

hat. Nur die Leute – also etwa für den Philosophen Georg Simmel die Frauen im 19. Jahrhundert –, die sich nicht anders verwirklichen können, greifen zum Selbstausdruck durch Kleider. Andere, etwa Simone de Beauvoir, sehen in der modischen Frau den Inbegriff von perverser Selbstentfremdung – modisches Weibchen zu sein, ist da fast schon eine Pathologie. Vollends pathologisch sind aber die modeinteressierten, „weibischen Männer"; also, im Verhältnis dazu, ein Riesenfortschritt in Sachen Mode.

Weshalb Frauen, die es beruflich geschafft haben, allen voran Angela Merkel, dem selbstverständlich vollkommen abschwören müssen?

In Deutschland fällt es immer noch schwer, Mode und Macht zusammenzudenken. Aber immerhin können wir Frau und Macht zusammendenken – in den USA, wie man gesehen hat, völlig unmöglich. Der Preis, den wir für diesen, ich sage jetzt einmal: Triumph, bezahlen, ist, dass wir Eleganz, modisches Auftreten, bei Politikerinnen als ein No-Go betrachten. Ausnahmen bestätigen die Regel. Man sollte nicht vergessen, dass die Mode in der Moderne Stigma – oder Privileg, je nach Blickwinkel – der Weiblichkeit ist. Und dass Weiblichkeit und Macht für die meisten Leute sowieso nur ganz schwer, und anscheinend immer schwieriger, zusammengehen.

Aber müsste das alles nicht längst hinter uns liegen? Mit zunehmender Globalisierung, in Zeiten des Internets, wo wir alle das Gleiche kaufen können, die gleichen Einflüsse und einen ähnlichen Medienaustausch haben – müssten sich die Nationen da nicht viel mehr angleichen?

Mentalitäten ändern sich sehr, sehr langsam. Verheerende Rückschläge passieren. In der Haltung zur Mode drücken sich Werte aus, die sich über viele Jahrzehnte herangebildet haben. Diese Werte und Überzeugungen, die unseren Urteilen und unserem Handeln zugrunde liegen, werden meistens auch gar nicht artikuliert, sondern sind schlicht Lebenspraxis. Diese mangelnde Selbstreflexion hat sich, scheint mir, durch die Globalisierung eher verstärkt. Auch der Tourismus hat Vorurteile eher bestätigt als korrigiert. Einstellungen ändern sich nur, wenn man sich tatsächlich einlässt, also irgendwo anders lebt und arbeitet.

Die Kaufkraft ist bei vielen Deutschen stärker als je zuvor. Der Konsum folgt jedoch über weite Strecken dem Muster: Qualität und Funktion. Muss Mode für uns, mehr als anderswo, einen Zweck erfüllen?

Schaut man sich an, welche Güter Deutschland exportiert, dann ist das zunächst hochraffinierte Präzisionstechnik. Dinge, die funktionieren. Umgekehrt besteht ein grundsätzliches Misstrauen gegenüber dem Schönen. Wir geben eine ganze Menge Geld für Kleider aus und produzieren eine ganze Menge Kleider. Aber auch die sollen eben hauptsächlich funktionstauglich sein, bloß nicht witzig, überraschend oder atemberaubend. Unsere Kriterien sind selten ästhetisch, aber immer funktional oder, wie das heißt, qualitätsbewusst.

Jil Sander passte in den Achtzigern perfekt in diese Rhetorik.

Genau, bei Jil Sander hieß es: Das ist perfekt geschnitten, bis ins kleinste Detail unheimlich gut gearbeitet, mit absolut tollen Stoffen. Gut, so ein Kleid sieht dann natürlich auch besser aus – aber das ist innerhalb dieser Argumentationsstrategie sekundär. Man tut Jil Sander, die eine ganz herausragende Designerin ist, damit natürlich schreiendes Unrecht. Primär geht es darum, dass man für das, was man bezahlt, auch etwas kriegt, nämlich einen funktionalen Gegenwert. Es wird überhaupt gern so getan, als würde es bei Mode um ein Kosten-Nutzen-Verhältnis gehen und nicht um einen *coup de foudre*, um das gewisse Etwas. Es muss Sinn machen und darf nicht dem puren Vergnügen, einer Caprice dienen.

Mode als Lösung eines Problems: Irgendetwas muss man schließlich anziehen. Aber es gab ja in den Siebzigern, Achtzigern auch große deutsche Marken wie Escada, MCM, das frühe Aigner. Diese Mode war nicht streng, sondern fast glamourös.

Natürlich gab es Gott sei Dank immer Ausnahmen! Wir reden hier über die großen Linien eines Diskurses.

Eine Psychologin des Kölner Marktforschungsunternehmens Rheingold Salon wurde in der *Wirtschaftswoche* einmal wie folgt zitiert: „Greift eine Deutsche zum Push-up-BH, sagt sie: Ich schummele. Die Französin sagt stattdessen: Ich hole das Beste aus mir heraus!"

Der Glaube an die nackte Wahrheit auf der einen, das Verwirrspiel mit Weiblichkeit auf der anderen Seite. Und apropos Push-up: Der erotische Fokus verschiebt sich spätestens mit dem Designer Paul Poiret vom Busen auf den Po!

Hat das etwas mit der alten Glorifizierung des Natürlichen zu tun? Das Klischee der deutschen Frauen im Ausland ist immer noch: Sie schminken sich wenig, kleiden sich eher schlicht.

Die bürgerliche Gesellschaft siegt im Zeichen des Natürlichen gegen den französisch konnotierten Hof. Lessings Schönheitsideal waren „braune Locken, wie die Natur sie schlug". Einziger Schmuck: eine – natürlich echte – rote Rose. Also: keine gepuderten, keine hochgesteckten Haare mit falschen Haarteilen, die zur Bühne für ganze Seeschlachten werden konnten und in keine Kutsche passten. Dagegen setzte man hierzulande treudeutsche Werte: keine Rhetorik, keine Künstlichkeit. Denken Sie an Kleist, da sind die Frauen, die für die Männer verheerend sind – weil sie sie anziehen, aber ins Verderben stürzen – immer Aristokratinnen.

Aufgetakelte Frauen …

… zusammengesetzt aus fremden Körperteilen: falsche Zähne, falsche Locken, Korsett – diese künstliche Weiblichkeit ist gleichzeitig so dekadent wie fatal; und natürlich immer französisch. Das deutsche Käthchen hingegen steht ungeschminkt nur im Hemde da; statt Rouge zu tragen, errötet sie; sie wacht einfach auf und ist schön wie der Morgentau. Sie hat das Künstliche, das die Männer fatal fasziniert und das entzaubert gehört – meint Kleist –, gar

Di trägt Escada: 1987 bei einem Besuch in Berlin.

„Die zur Schau getragene
Gleichgültigkeit gegenüber
den Kleidern, die man trägt –
das ist im Prinzip ein
sehr modischer Gestus."

nicht nötig. Ich glaube, die Angst vor dieser Form der Weiblichkeit, die sich mit falschen Federn schmückt und mit den Waffen einer Frau kämpft, ist bei uns tief verwurzelt. Schönheit muss natürlich sein, sonst wird sie als trügerische Weibischkeit abgelehnt.

Man denkt dabei sofort an Gloria von Thurn und Taxis, deren Stil hier viel kontroverser gesehen wurde als im Ausland. Exzentriker haben es bei uns, im Vergleich etwa zu England, generell eher schwer. Erklärt wird das häufig mit unserer klassenlosen Gesellschaft, in der es weniger darum ging, auszubrechen.
Unsere klassenlose Gesellschaft? Sie war vielleicht einmal und ist sicher nicht mehr, *Tempi passati*. Also hoffen wir wenigstens auf mehr Extravaganz. Aber sicherlich liegt die „Exzentrik" der Engländer in einem sehr spannungsgeladenen Verhältnis von Adel und Lower Class. Und nicht zuletzt daran, dass Großbritannien eben keine Republik, sondern eine Monarchie geblieben ist, die unter ihren Königinnen geblüht hat.

Was ist mit der Weiblichkeit einer deutschen Ikone wie Marlene Dietrich?

Deutsch? Na gut, würden Sie nicht eher sagen, dass Marlene als blonde Femme fatale ein Produkt Hollywoods war? Und später eine Dame von Welt, die in Paris lebte. Einer Frauenstadt – und vielleicht ist Deutschland eben kein Land für Frauen.

Karl Lagerfeld ging mit 14 nach Paris. Trotzdem wird er stoisch als „deutscher Designer von Weltrang" hochgehalten.
Tja, das ist ziemlich witzig. Zumal Mode ja im Gegensatz zur Tracht gerade nicht national, sondern universal gedacht wird. Schließlich sollen ihr ausnahmslos alle folgen und dabei nationale Eigenheiten ablegen. Eigentümlich deutsch ist vielleicht nur noch das Beharren auf Disziplin – obwohl da natürlich jede Pariser Paillettenstickerin haushoch überlegen ist.

Die Franzosen reden nur nicht ständig darüber?
Natürlich nicht. Das ist wieder das höfische Ideal. Du darfst nicht über deine Leistung reden, du musst über Dinge reden, die die Leute unterhalten und interessieren. Und wen interessiert schon, was du heute wieder geleistet hast? Man sieht doch einfach, wie hinreißend es ist!

Barbara Vinken ist Professorin für Literaturwissenschaft und Romanistik an der Ludwig-Maximilians-Universität München und lehrte unter anderem in New York, Paris und Berlin. Sie zählt zu den wichtigsten Modetheoretikerinnen Deutschlands. Ihre Bücher Mode nach der Mode *und* Angezogen: Das Geheimnis der Mode *sind Standardwerke.*

Tatjana Patitz, die einzige Deutsche
in George Michaels legendärem
Video „Freedom" von 1990.

FUNKTIONIERT

Sie ist ein Model und sie sieht nicht nur gut aus: Claudia, Tatjana, Julia, Anna

von Silke Wichert

Wer „Claudia Schiffer" und „zuverlässig" bei Google eingibt, bekommt fast 30 000 Treffer. Weitere typische Attribute sind diszipliniert, professionell, pragmatisch. Es geht hier wohlgemerkt um eine der schönsten Frauen der Welt, nicht um die Vorzeige-Azubine in der Steuerkanzlei. Aber daran wird schon deutlich, was sie und andere deutsche Models oft von der internationalen Konkurrenz unterscheidet: Sie machen nicht nur ihren Job, sie machen vor allem ihren Job. „Wir arbeiten ja schließlich nicht nur zum Spaß, Mode ist ein Business, es geht um viel Geld", hat Claudia Schiffer einmal gesagt. Genau für diese Einstellung lieben Agenturen und Werbekunden die „German Girls". Weil es durchaus andere gibt: Naomi Campbell etwa war bekannt dafür, gern mal Stunden später am Set zu erscheinen.

Veruschka und Gloria Friedrich in den Sechzigern, Claudia Schiffer seit den Achtzigern, Tatjana Patitz und Nadja Auermann in den Neunzigern, danach Julia Stegner, Toni Garrn und zuletzt Anna Ewers, die 2015 das erfolgreichste Model der Welt war – die Liste der großen Namen ist beeindruckend. Und das, obwohl Deutschland keineswegs klassischer Modelexporteur sei, sagt die bekannteste deutsche Modelmanagerin Heidi Gross. „Die meisten hübschen Mädchen kommen eher aus Holland oder Amerika, mittlerweile viel aus Russland und Brasilien.

Aber die richtig großen Karrieren macht man eben nicht nur mit gutem Aussehen."
Gross gründete 1990 ihre Agentur „Model Management" in Hamburg und prägte entscheidend die Karrieren von Claudia Schiffer, Tatjana Patitz oder Heidi Klum, arbeitete mit Naomi Campbell und Linda Evangelista zusammen. Ausschlaggebend sei letztlich Persönlichkeit und der Wille zum Erfolg, sagt Gross. Sie selbst ist übrigens auch nicht zufällig die bekannteste deutsche Agentin im Business geworden: Gross gilt als ebenso organisiert wie knallhart.

Während Kate Moss und Naomi Campbell, Stephanie Seymour oder Linda Evangelista zusätzlich faszinierten, weil sie den Exzess und die Männer liebten, blieb das Image der deutschen Mädchen meistens blitzsauber. Allzu privat wird es nie. Die 1993 in Freiburg geborene Anna Ewers ist eines der wenigen aktuellen Topmodels, das kaum Social Media betreibt – und trotzdem oder gerade deshalb so begehrt ist.
„Distanz ist auch eine Form der Attraktivität", erklärt Gross. Vielleicht das Intimste, was Claudia Schiffer je in einem Interview verraten hat, war, angebissene Äpfel aus typisch deutscher Sparsamkeit in den Kühlschrank zu stellen, statt sie wegzuschmeißen.
Was nicht heißt, dass diese Mädchen nicht sexy wären. Im Gegenteil. Kaum jemand füllte die Brigitte-Bardot-Schablone so gut aus wie Schiffer,

Julia Stegner (links) wurde 1999 auf der Wiesn entdeckt.
Ihr erstes Foto landete gleich auf dem Cover der französischen Elle.
Die aus Freiburg stammende Anna Ewers ist eines
der erfolgreichsten Gesichter der letzten Jahre.

Julia Stegner oder aktuell Anna Ewers. Sinnlich, kurvig, weiblich, nicht zu dünn, nicht zu „edgy", nicht zu gar nichts. Sie entsprechen einem eher klassischen, natürlichen Schönheitsideal. Allein der Gedanke daran, die blonden Haare zu färben, irgendwie zu verunreinigen – geradezu absurd.

Ausnahmeerscheinungen gibt es natürlich. Die in Hamburg geborene, aber in Schweden aufgewachsene Tatjana Patitz war nicht ganz so preußisch, dafür mindestens so umwerfend. Die einzige Deutsche unter den „Big Five" auf Peter Lindberghs legendärem *Vogue*-Cover erzählte in einem Interview von ihren „rainy days", an denen ihr einfach nicht danach war, im Studio zu erscheinen. Geschadet hat es ihrer Karriere nicht.

Das deutsche Model mit den meisten zurückgelegten Laufstegkilometern dürfte die in Berlin lebende Hamburgerin Luca Gadjus sein. Schon 1999 lief sie mit gerade mal 16 für Prada und Miu Miu. 17 Jahre später wurde sie immer noch für Saint Laurent in Paris gebucht. Dabei ist sie weder blond, noch besonders groß, noch kurvig.

„The Most German Topmodel" ist wahrscheinlich ohnehin eine ganz andere: Heidi Klum, die es bekanntlich nie bis zur Haute Couture schaffte, dafür überall sonst hin, und das ziemlich zielstrebig. „Ich kenne kaum jemanden, der so fleißig und diszipliniert ist, und so cleveres Selbstmarketing betreibt", sagt Heidi Gross, die Klums Karriere lange begleitet hat. „Heidi hat Social Media gemacht, bevor es das überhaupt gab."

In Amerika ist das Fräuleinwunder längst eine eigene Marke, und wenn sie sonst nicht viel mit Claudia Schiffer gemein haben mag, eine gewisse Bodenständigkeit teilen sie doch. Wie der Spiegel 2002 berichtete, hatte ein amerikanischer Journalist Klum gefragt, ob sie Claudia Schiffer für eine wunderbare Frau, eine Heldin halte, für eine „heroine", wie es im Englischen heißt. Klum sei schockiert gewesen. „No!", wehrte sie ab. „Schauen Sie sie doch nur an. Sie sieht viel zu gesund dafür aus. Niemals nahm sie Heroin!"

HAMBURG, MAI 1981

Jil pur

Von links nach rechts. So beschreibt man für gewöhnlich Personen auf Fotos. Womit wir gleich bei mir wären, Boris Frommen, ganz links, feuerrotes Haar, neben dem Sofa auf dem Teppich hockend, während die Erwachsenen übers Geschäft reden und meine Mutter auf den Auslöser drückt, um den Moment festzuhalten.

Womit ich da spiele? Eben nicht mit Matchbox-Autos wie normale Jungs, sondern mit Duftverpackungen. Joop!, Davidoff, Jil Sander. Gezwungenermaßen. Unser Haus war ja voll davon.

Denn auf dem Sofa sitzen: Jil Sander, internationale Mode-Ikone, die neben Karl Lagerfeld wie keine andere Deutsche die Mode weltweit geprägt hat. Sie trägt damals natürlich selbst einen ihrer coolen Hosenanzüge mit ganz neuem, scharfem, souveränem Schnitt.

Und rechts daneben: mein Vater, Herbert Frommen, seinerzeit Duft-Manager bei Lancaster und Erfinder von Duftmarken wie Jil Sander, Joop!, Davidoff, Bogner usw. Er hat mit Jil richtig Gas gegeben. Danach ist auch ihre Mode berühmt geworden.

Links neben ihr: der legendäre Designer Peter Schmidt, der das Phänomen der boomenden deutschen Modemacher mit Duftverpackungen begleitet hat. Der erste Flakon von „Jil Sander Woman Pure" ist bekanntlich im Museum of Modern Art gelandet. Er war eine Revolution, weil kein bisschen verschnörkelt wie die üblichen Fläschchen aus Frankreich, sondern total klar. Pur eben. Das war der Beginn von minimalistischen Flakons im Duft-Design.

Zu guter Letzt, links auf der Couch: Rochus Classen, der feine Herr der Duft-Kreation, zuständig für die inneren Werte. Ein Gipfeltreffen der deutschen Mode und ihrer Macher also, mitten bei uns im Wohnzimmer, denn alle echten Modemarken wurden damals vor allem durch die ersten Erfolge der Düfte geprägt.

Nie wieder war die deutsche Mode so erfolgreich. Mir war das damals natürlich alles egal. Mich kümmerten nur die bunten Kartons, die auf dem Teppich nie richtig stehen blieben. Hat aber Spaß gemacht.

Boris Frommen trägt nach einer Kindheit mit „Davidoff Cool Water" heute lieber dezentere Düfte. Er ist Inhaber einer Designagentur in Hamburg.

3

BEKLEIDUNG

Bonjour Tristesse.
Einkaufserlebnis in der Kölner Innenstadt.

Sicher schön: Faye von Chloé, eine der meistverkauften Handtaschen in Deutschland 2015.

VERSCHLUSS-SACHEN

Wie gehen deutsche Frauen einkaufen?
Wo greifen sie zu, wie ticken sie in der Umkleidekabine?

Eine Handtasche, die man nicht zumachen kann? Kauft die deutsche Kundin nicht, komme, was wolle: Der schönste Saint-Laurent-Shopper, eine Hermès-Tasche, die am Arm nonchalant aufklappt – da könnte ja wer reingreifen. Also lieber ein Modell mit Schließe, gern auch mit Reißverschluss. Diese Art Vernunftdenken beobachte ich auch oft bei Kleidung. Von Valentino hatte ich einen Mantel in zwei verschiedenen Varianten geordert. Eine mit Knöpfen und eine ohne, die einfach offen getragen oder mit einem Gürtel leicht zugeknotet wurde. Welcher Mantel war sofort ausverkauft? Der mit Knopfleiste. Der andere blieb hängen, denn ein Mantel, den man nicht schließen kann – damit wissen die deutschen Frauen nichts anzufangen, da geraten sie ins Schwimmen.

Die alten regionalen Unterschiede gibt es erstaunlicherweise immer noch. In München werden ganz andere Sachen gekauft als in Düsseldorf oder Berlin; Hamburg hat wenig mit Dresden gemein. Innerhalb der jeweiligen Region wird dann schon auch geguckt: Was tragen die anderen? Wenn alle Woolrich-Jacken anhaben, können die ja nicht so schlecht sein, damit kann man wohl nichts falsch machen.

Den deutschen Frauen geht es nicht in erster Linie ums Konsumieren, so wie es vielfach in den USA ist. Wenn sie etwas kaufen, soll es nachhaltig sein, Qualität ist nach wie vor wichtig. Aber sie sind modisch viel mutiger geworden als früher, das ewige Beige ist endgültig vorbei. Kundinnen lassen sich im Laden auch gern mal auf etwas Neues ein, probieren einen neuen Designer aus, sie schätzen gute Beratung. Jedenfalls wenn die Verkäuferin gut ist. Sich sofort an eine Kundin „rankleben", sobald sie den Laden betritt, das ist das Verkehrteste. Aber sie gar nicht beachten, geht auch nicht, dann fühlt sie sich alleingelassen. Die Deutschen schätzen Ehrlichkeit, auch an der Umkleidekabine. Wenn ein Kleid unmöglich aussieht, wollen sie davor bewahrt werden. Übertriebene Komplimente („Das sieht ja umwerfend an Ihnen aus!"), wie sie die Amerikaner in einer Tour verteilen, machen sie eher misstrauisch.

Was mich immer wieder beeindruckt: Vor allem die Businessfrauen, die ihr eigenes Geld verdienen, werden immer selbstbewusster beim Einkaufen und sehen im Vergleich zu den Französinnen vielleicht nicht so zickig-sexy aus, aber sehr smart. Deshalb wird mittlerweile unglaublich viel Céline in Deutschland verkauft. Insgesamt funktionieren vor allem weiche, fließende Sachen; nichts, was am Hals zu eng und auf der Haut zu hart wäre. Materialien wie Neopren, Lack, alles Beschichtete brauchen Sie gar nicht in den Laden hängen, viel zu unangenehm zu tragen. Ein bisschen leiden für die Mode – da fragen sich die meisten Frauen hier immer noch: wozu?

Linda Horbach war früher Chefeinkäuferin bei Linette in Hamburg und im Departmentstore Quartier 206 in Berlin. Aktuell arbeitet sie in der gleichen Position bei La Boutique in Dresden.

Selbst Marc Jacobs hätte gern seine Version der
Birkenstocks entworfen — die Marke aus Vettelschoß
lehnte ab. Begründung: „Er wollte an die Sohle ran."

DOB & HAKA

Kann man tragen.
Nicht sexy, dafür auch nicht arm: Kleidung made in Germany

von Silke Wichert

„Kuddelmuddel mit Stil und Pep" nannte der *Spiegel* eine Geschichte, die im August 1983 erschien und durchaus positiv gemeint war. „Deutschland wird zur Mode-Nation", hieß es dort. „Seine Damen-Konfektionäre (…) sind die erfolgreichsten der Welt. Nun finden auch die deutschen Designer international Beachtung." Im Folgenden ging es also um Jil Sander, „den strahlenden Fixstern am Himmel" der deutschen Modebranche (Stil). Natürlich tauchte der junge Wolfgang Joop auf, „der seinen teuren Mannequins Dreispitz-hüte und Lockenperücken" wie aus einem Kostümfilm aufsetzte (Pep). Vor allem ging es auch um „die Modehersteller", die keine High Fashion machten, sondern das fertigten, was am Ende angezogen wurde (Kuddelmuddel) – und damit erstaunlich gutes Geld verdienten.

Gut drei Jahrzehnte später müsste die Geschichte andersherum erzählt werden: Ja, Deutschland war mal so etwas wie eine Mode-Nation. Joop-Jeans mit Ausrufezeichen am Hintern avancierten zur erfolgreichsten Designerjeans der Neunziger. Jil Sander spielte so weit oben mit, dass die Marke von Prada gekauft wurde. Hollywoodstars kamen eigens für die Modenschau von Escada nach Aschheim geflogen. Echt passiert, lange her. Nun sind immerhin noch die Konfektionäre da. Die deutsche Bekleidungsindustrie macht rund 12 Milliarden Umsatz pro Jahr und ist mit 40 Prozent Auslandsgeschäft nach Italien weiterhin der zweitstärkste Modeexporteur in Europa. Weniger Pep, weniger Stil, viel Kuddelmuddel.

Das Problem an dieser Geschichte: Sie glaubt erst mal keiner. Weil in den letzten Jahren ganz andere Meldungen für Schlagzeilen sorgten. Rena Lange: pleite. Escada: in der Krise. Strenesse: knapp gerettet. Laurèl: insolvent. Hugo Boss: Gewinnrückgang. Die Branche liegt ganz offensichtlich: am Boden.

Tatsächlich ging der Umsatz zuletzt ein paar Prozentpunkte zurück; gemessen an der Lage der Modebranche insgesamt und den Einbrüchen bei den bekannten Marken jedoch erstaunlich wenig. Vielen Herstellern geht es noch vergleichsweise gut. Es ist nur nicht die große weite Modewelt, in der die meist mittelständischen Firmen unterwegs sind, sondern das Brot-und-Butter-Geschäft, auch genannt: Bekleidung. In großer Serie gefertigte Hosen, Blusen, Pullover, die irgendwann sauber gestapelt bei Peek & Cloppenburg oder im Kaufhof liegen. Das heißt nicht, dass es hierzulande keine jungen, aufstrebenden Modemacher mehr gäbe. Aber wirtschaftlich relevant, das sind die anderen.

Tom Tailor, Roy Robson, Betty Barclay, René Lezard – je kosmopoliter eine Marke klingt, desto sicherer kann man sein, dass sie eigentlich aus Deutschland stammt, vorzugsweise aus der deutschen Provinz. Die nationale Identität versteckt sich hinter internationalem Flair, wenn auch made in Bodelshausen (Marc Cain) oder Künzelsau (Mustang). Um avantgardistisches Design geht es hier weniger, sondern um unbedingte Tragbarkeit, hochwertige Verarbeitung, vernünftige Preise, gute Passform. Hosen zählen nicht zufällig zu den mit Abstand erfolgreichsten Exportartikeln der deutschen Modeindustrie. Ihr Sitz ist besonders entscheidend, die Fertigung technisch anspruchsvoll. Wenn Frankreich das Land der Röcke und Kleider ist, Italien das der Schuhe und Taschen, dann hat Deutschland die Hosen an. Der Weltmarktführer im Anlagen- und Maschinenbau verfügt – wenig überraschend – auch in der Textilindustrie über hervorragende Produktionsbedingungen. Viele Hersteller entwickeln Näh- oder Schnittmaschinen teilweise selbst mit. Als der kanadisch-taiwanesische Designer Jason Wu zu Hugo Boss geholt wurde, weil die Schwaben in der Luxus-Liga ganz oben mitspielen wollten, konnte er kaum fassen, was er da in Metzingen vorfand. „So ein modernes Atelier gibt es sonst nirgendwo", schwärmte er über das „Technical Center", wo die Prototypen der Entwürfe gefertigt oder neue Stoffe entwickelt werden. „Und alles ist so perfekt durchorganisiert, so – deutsch."

Wer bei Falke in Schmallenberg durch die Halle voller laut ploppender Strickmaschinen läuft, versteht irgendwann, wo der Unterschied zwischen einer sauberen Naht und diesen kleinen Wulsten liegt, die bei weniger akkurat gearbeiteten Socken vorne im Schuh gerne drücken. Am Ende haben die Deutschen, die Logistikweltmeister, die Erfinder von DHL, natürlich noch eine Stärke: Sie liefern. Bestellte Sachen kommen zum vereinbarten Termin beim Händler an – in der Modebranche keineswegs selbstverständlich.

Alles muss funktionieren, auch das Produkt selbst. Mit ästhetischem Firlefanz können die Deutschen traditionell wenig anfangen. Der Landarzt Dr. Klaus Maertens, der in Seeshaupt am Starnberger See lebte, wollte Mitte der Vierziger einen Arbeitsschuh mit elastischer Luftpolstersohle erfinden, um die Heilung seines gebrochenen Fußes zu unterstützen. Zum Mod-/Punk-/Grunge-/Skinhead-/Hipsterkind-Stiefel wurden „Doc Martens" erst über Umwege. Als Carl Birkenstock in den Sechzigern die erste Sohle mit Latexmilch und Kork anrührte und in den Backofen seiner Mutter schob, hatte er vor allem ein orthopädisch wertvolles Fußbett im Sinn. Das restliche Design? Mittel zum Zweck. Längst sind Birkenstocks Klassiker, die alle paar Jahre groß in Mode kommen. Nicht durch eigene Trend-Kollektionen, sondern durch Fremdeinwirkung anderer Designer oder Trendsetter, die den „pretty ugly German shoe" wiederentdecken. Deutsche Marken sind meist dann am besten, wenn sie ganz bei sich bleiben.

Für eine ganze Sparte heißt das: draußen bleiben. Das Geschäft mit funktionaler Sport- und Outdoorkleidung erlebte in den letzten Jahren weltweit einen unglaublichen Boom, von dem auch deutsche Marken profitierten. Adidas, Porsche Design und natürlich Jack Wolfskin, das Label mit der omnipräsenten Bärentatze aus der hessischen Wildnis, das innerhalb weniger Jahre auf fast 1 000 Stores weltweit wuchs, über 600 davon in Asien. Vaude aus dem schwäbischen Tettnang hat sich mit nachhaltiger Sport- und Freizeitkleidung zum Vorzeige-Unternehmen entwickelt. Mit Umsätzen, die angeblich im hohen zweistelligen Millionenbereich liegen.

Der ein oder andere mag das anders sehen, aber auch diese Sachen fallen in die Kategorie Bekleidung. Vor allem die Deutschen sind begeisterte Abnehmer. Ihr Fetisch mit Funktionskleidung wird seit Jahren belächelt. Weil es natürlich albern ist, für den mitteleuropäischen Winter eine mehrfach gefütterte Hardshell-Jacke mit Schneefang zu kaufen, oder in der Stadt Hosen zu tragen, die mit Außentaschen und Reißverschlüssen wie für MacGyver überzogen sind. Es geht bei diesen Sachen nicht darum, was man tatsächlich abruft, sondern was ein Produkt theoretisch zu leisten imstande ist. Eine Art psychologischer TÜV, der die praktische Anschaffung rational rechtfertigt. Billig sind die Sachen ja keineswegs. Aber wenn man doch mal im Hochgebirge wandern geht, muss wenigstens nichts mehr extra gekauft werden. Textile Vorratshaltung kombiniert mit notorischem Funktionsfimmel.

Bisweilen wird der deutsche Pragmatismus, was Kleidung angeht, aber auch bewundert. Engländerinnen bemerken schon mal, durchaus charmant gemeint, wie selbstbewusst es von deutschen Frauen sei, einfach stur flache Schuhe zu tragen. Oder dass sie den Zwiebellook nicht nur erfunden haben, sondern auch konsequent praktizieren. Die „Socken-in-Sandalen"-Kombination bei älteren Herren, so etwas wie die deutsche Ursünde in Sachen Mode, fasziniert vor allem Südeuropäer. Weil hier quasi in radikaler Hybridtechnik das Beste aus beiden Welten miteinander vereint wird: Durchlüftung und Wärme, Komfort und Sichtschutz. Nachmachen würden sie es natürlich nie.

„Tom Tailor, Roy Robson,
Betty Barclay, René Lezard –
je kosmopoliter eine Marke klingt,
desto sicherer kann man sein,
dass sie eigentlich aus Deutschland
stammt, vorzugsweise aus
der deutschen Provinz."

Otto… finden wir gut: Die Otto-Gruppe
war 2015 immer noch der führende
Textilhändler in Deutschland, vor H&M
und C&A. Der erste Otto-Katalog kam
1950 in einer Auflage von 300 Stück
auf den Markt und revolutionierte
In den folgenden Jahren das
Einkaufsverhalten der Deutschen.
Frauen wie Joan Collins,
Cindy Crawford, Claudia Schiffer oder
Gisele Bündchen zierten das Cover.
Michael Otto, der Sohn des Firmen-
gründers, baute den Konzern nach und
nach zum internationalen Versandhaus
und Internethandel um. Den gedruckten
Katalog gibt es immer noch, bestellt
wird dann aber online.

4

DEUTSCHES PERSONAL

Guess what? Fotografin Ellen von Unwerth.

*Match made in heaven: Steffi Graf
und Boris Becker in Wimbledon, 1989.*

Auswärtssieger: Deutschland 83 mit Jonas Nay in der Hauptrolle lief zuerst in Amerika, bevor es hierzulande ausgestrahlt wurde. Fast überall war die Serie ein Erfolg, außer in Deutschland selbst.

König der Schaubühne: Lars Eidinger.

Nie abgeblitzt: Fotograf Juergen Teller.

Ein bissel was geht immer:
Ruth Maria Kubitschek und
Helmut Fischer als Monaco Franze.

*Gipfeltreffen: Franz Beckenbauer und Rosi Mittermaier
1984 in Garmisch-Partenkirchen.*

Ein bisschen Frieden:
Nicole 1982 beim Eurovision Song Contest.

„Bling stirbt nie“: Philipp Plein, der sich selbst nicht Designer, sondern kreativer Unternehmer nennt.

Allerhand: Uschi Glas.

Inglourious Basterd: Schauspieler Daniel Brühl.

Soko Leipzig: Der Maler Neo Rauch ist einer der erfolgreichsten und wichtigsten seiner Generation – und muss dafür nicht einmal in Berlin leben.

Teuerster europäischer Maler:
Gerhard Richter vor seinem Werk „Strip 2012".

Ausnahme mit Erscheinung: Nina Hoss macht keine
schlechten Filme, gibt keine peinlichen Interviews,
zieht sich – wenn sie denn irgendwo auftritt – gut
an und hat nicht die geringste Lust, irgendwann
Tatort-Kommissarin zu werden.

5

AUF DEM PLATZ

Das schönere Spiel: Gunter Sachs mit seinem Sohn in St. Moritz, 1968.

HÖGGSCHDE KONZENTRATION

Es lebe der Sport.
Er ist gesund und macht uns hart.

von Florian Haupt

"Ich hätte da gern ein paar Antworten", sagte der Abgeordnete von der CDU. „Langsam muss mal klar sein, auf wen gesetzt wird", ergänzte der Kollege von der SPD. „Es geht um ein nationales Anliegen", räsonierte die Politikerin von der FDP. Was war passiert? Ein Attentat? Krieg? Neue Arbeitslosenrekordzahlen? Nicht ganz. Deutschland hatte ein Fußball-Testspiel mit 1:4 in Italien verloren. Weshalb die Politiker den Nationaltrainer Jürgen Klinsmann vor den Bundestag zitieren wollten.

So weit ist es dann letztlich nicht gekommen, Anfang März 2006. Doch schon die Tatsache, dass Vertreter der etablierten Parteien die Arbeitszeit eines Parlamentsausschusses ernsthaft mit Torwartdebatte und Viererkette zu verbringen gedachten, illustriert vor allem eines: Sport in Deutschland ist vieles – aber gewiss nicht nur ein Spiel.

Sport in Deutschland, das sind Strukturpläne und Trainerfindungskommissionen, das sind 1 200 Athleten bei Bund, Polizei und Zoll, das sind Busblockaden, Fanproteste und zu Staatskrisen aufgebauschte Skandälchen. Das ist nur selten „Schau'n mer mal" (Franz Beckenbauer), sondern meistens „höggschde Konzentration" (Joachim Löw). Das klingt immer wahnsinnig ernst und nur selten nach dem, was es eigentlich gern zu sein behauptet: die schönste Nebensache der Welt.

Blickt man in die Geschichte, dann konnte es womöglich gar nicht anders kommen. Fast alle modernen Sportarten wurden im 19. Jahrhundert in Großbritannien erfunden. Aus heutiger Sicht kann man von einer Freizeitrevolution sprechen: Adlige und Bürgerliche suchten nach Beschäftigungen für den formvollendeten Gentleman und erfanden den Wettstreit im freundschaftlichen Geiste (“Fairplay"). Übermäßiger Ehrgeiz galt als unschicklich, weiterführende Ziele sowieso. „Sport for sport's sake", lautete das Postulat: Sport sollte um nichts anderes betrieben werden als um des Sports willen.

In Deutschland wurde zur gleichen Zeit jedoch ein ganz anderes Vokabular gepflegt. Um „Leibeserziehung" oder „Wehrertüchtigung" ging es den preußischen Pädagogen Johann Christoph Friedrich GutsMuths und Friedrich Ludwig Jahn, die mit dem Turnen den wichtigsten deutschen Beitrag zum heutigen Sportkanon beisteuerten. „Patriotische Erziehung zur Vorbereitung auf den Befreiungskrieg" nannte der glühende Nationalist Jahn seine „Bewegung", deren Athleten er als eine Art Elite-Guerilla verstand. Deutschland war zu jener Zeit von napoleonischen Truppen besetzt und in Kleinstaaten zersplittert. Die Mobilmachung des eigenen Körpers wurde da gewissermaßen zur Bürgerpflicht. Sport war von Anfang an mehr als nur Sport.

Relikte dieser kämpferischen Geburt finden sich in der Sprache immer noch: Den Körper gilt es zu „stählen". Wer wurde nicht in seiner Jugend von einem Turnlehrer aufgefordert, den „inneren Schweinehund" zu überwinden. Und wenn bei einer Fuß-

Fit wie ein Turnschuh: Schauspieler Fritz Wepper
auf einem Trimm-Dich-Pfad, 1979

*Jugendbewegung zwischen Kasten,
Sprossenwand und Weichbodenmatte.*

„Die Welt hat wieder Angst vor uns":
Jürgen Klinsmann, Joachim Löw, Oliver Bierhoff
beim Halbfinale der WM 2006.

ballmannschaft sonst gar nichts mehr geht, fordert der Fernsehreporter die „deutschen Tugenden" ein. Pünktlichkeit oder Sparsamkeit sind damit weniger gemeint als die Eigenschaften, die früher als „preußische Tugenden" beim Militär Karriere machten: Einsatz, Tapferkeit, Willensstärke, Selbstverleugnung, Disziplin.

Vielleicht kein Zufall, dass auch der härteste Virilitätskult der modernen Geschichte auf deutschem, ja preußischem Boden entstehen sollte; in einem Land zudem, das sich von außen bedroht fühlte – der DDR. „Jedermann an jedem Ort, einmal in der Woche Sport": In der Losung des ersten SED-Führers Walter Ulbricht wurde das „einmal" bald durch „mehrmals" ersetzt. Der Nachwuchs wurde von klein auf nach seinem Talent selektiert, die fertigen Spitzenathleten als „Diplomaten im Trainingsanzug" zur Elite des Regimes verklärt.
Mit allen Mitteln, darunter staatlich verordnetem Doping, gelang es dem nur rund 16 Millionen Einwohner zählenden Staat, alle Teilnahmen an Olympischen Sommer- oder Winterspielen zwischen 1976 und dem Mauerfall mindestens auf Platz zwei des Medaillenspiegels abzuschließen.

Schon aus der Logik des Kalten Krieges heraus ließ derweil auch die Bundesrepublik wenig unversucht beim Wettkampf um internationales Prestige. Daneben rückte der Sport als Freizeitvergnügen in den Mittelpunkt, wobei Politik, Krankenkassen und Sportbund einer zunehmend bewegungsfaulen Bevölkerung mit der Trimm-dich-Bewegung gezielt auf die Sprünge halfen. Reckstangen mitten im Wald –

viel deutscher geht es nicht. Die Laufpfade und Turngeräte gehören zur Ikonographie der Siebzigerjahre und werden derzeit in etlichen Kommunen wieder herausgeputzt. Denn weiterhin herrscht Sorge um die „Volksgesundheit" – auch wenn es heutzutage niemand mehr so nennt. Dafür kennt die Sprache ja inzwischen den „Warmduscher".

Die Temperatur des Regens ist nicht exakt überliefert, in dem (West-)Deutschland seinen legendären Finalerfolg bei der Fußball-WM 1954 feierte. Dass es regnete („Fritz-Walter-Wetter"), gehört aber seit jeher zum Mythos des mit „deutschen Tugenden" errungenen Triumphs über die spielerisch überlegenen Ungarn. Der überraschende Titel wird gern als „eigentliche Geburtsstunde der Bundesrepublik" bezeichnet, weil er die Nachkriegsgesellschaft von Komplexen befreit und ihr wieder Anlass zum Stolz sowie einen Platz auf der Landkarte verschafft habe. Ex-Kanzler Gerhard Schröder nannte das Finalstadion in Bern noch ein halbes Jahrhundert später als zentralen deutschen Erinnerungsort neben Weimar und der Berliner Mauer.

Zufall oder nicht – auch bei Deutschlands größtem Sportmoment ging es also um viel mehr als Sport. „Wir sind wieder wer!", lautete nach dem „Wunder von Bern" ein geflügeltes Wort unter den Zeitgenossen, das die Rehabilitierung ausdrücken sollte. Heute wird der Satz oft ironisch verwendet – außer im Fußballbetrieb selbst, wo das Thema nach wie vor ernsthaft variiert wird.
„Die Welt hat wieder Angst vor uns", sagte der Manager der Nationalmannschaft Oliver Bierhoff nach

dem Einzug ins Halbfinale der Heim-WM 2006 – er meinte das positiv. Bierhoff ist gewiss kein Nationalist, der sich wie einst Turnvater Jahn für den Krieg rüsten will. Umso mehr verrät sein unbedachter Satz über die Kategorien, in denen der Sport hier manchmal noch gesehen wird.

Die Deutschen tun sich schwer damit, nicht die Nummer eins zu sein, sondern einfach eine Nation unter vielen, die mal gewinnt und mal eben nicht. Internationale Titel der Länderelf oder ein Spitzenrang im olympischen Medaillenspiegel werden als Norm betrachtet, alles andere schnell als Krise. Man kann argumentieren, dass die Deutschen insbesondere im Fußball viel sublimieren: ihren Wettkampfgeist, ihre Ängste, das Streben nach dem „Platz an der Sonne", das im letzten Jahrhundert so viel Leid über sie und die Welt brachte. „Internationaler Sport ist Krieg ohne Schießen", hat George Orwell mal polemisiert. Insofern ist es natürlich ein Segen, dass es ihn gibt.

Doch der Fußball zeigt auch, wie sich das Land verändert hat. Die Nationalelf spielt mittlerweile einen technischeren, bisweilen gar heiteren Stil. Und wo in einer Würdigung der WM-Helden von 1954 der damalige DFB-Präsident Peco Bauwens noch derart dumpf gegen die alliierten Siegermächte lederte, dass der Bayerische Rundfunk vorsorglich die Übertragung abbrach; wo Gerhard Mayer-Vorfelder, einer seiner Nachfolger, noch vor nicht allzu langer Zeit über zu wenige „Germanen" in der Bundesliga

klagte, da ist die multikulturelle DFB-Auswahl inzwischen eher ein Symbol der gesellschaftlichen Avantgarde. Auch der Verband selbst engagiert sich seit einigen Jahren nachdrücklich für Integration.

Wenn Deutschland etwas macht, dann eben richtig. Wo das spielerische Ideal im englischen Sport bis heute in einer gewissen Sympathie für Verlierer und einem gewissen Gleichmut gegenüber dem Ergebnis fortlebt („after all, it's just a game"), hat solcher Fatalismus hier keinen Platz. Nie würde man in Deutschland ein solch fortgesetztes Scheitern tolerieren wie die Engländer mit ihren seit einem halben Jahrhundert titellosen Fußballern.

Schon das zweimalige schwache EM-Abschneiden nacheinander zu Beginn des Jahrtausends reichte, um einen viel beachteten Reform- und Optimierungsprozess einzuleiten, der alle Ebenen umfasste und bei der WM 2014 in Brasilien seinen vorläufigen Höhepunkt erreichte. Da stampften die Deutschen für ihre Unterbringung eigens ein neues Resort aus dem Tropenboden. Die Weltpresse staunte ehrfürchtig über den „Luxusbunker": So ein Aufwand wurde im Sport noch nie betrieben. Der Titelgewinn war dann natürlich nur noch Formsache.

Florian Haupt ist Historiker und Sportjournalist. Mittlerweile lebt er in Spanien und arbeitet dort als freier Autor für Zeitungen wie Die Welt, taz *und* NZZ.

„Sport in Deutschland, das sind Strukturpläne und Trainerfindungs-kommissionen, das sind 1200 Athleten bei Bund, Polizei und Zoll, das sind Busblockaden, Fanproteste und zu Staatskrisen aufgebauschte Partikularskandale."

Heimtrainer mit Heimtrainer:
Heino und seine Frau Hannelore
in Kitzbühel, 2004.

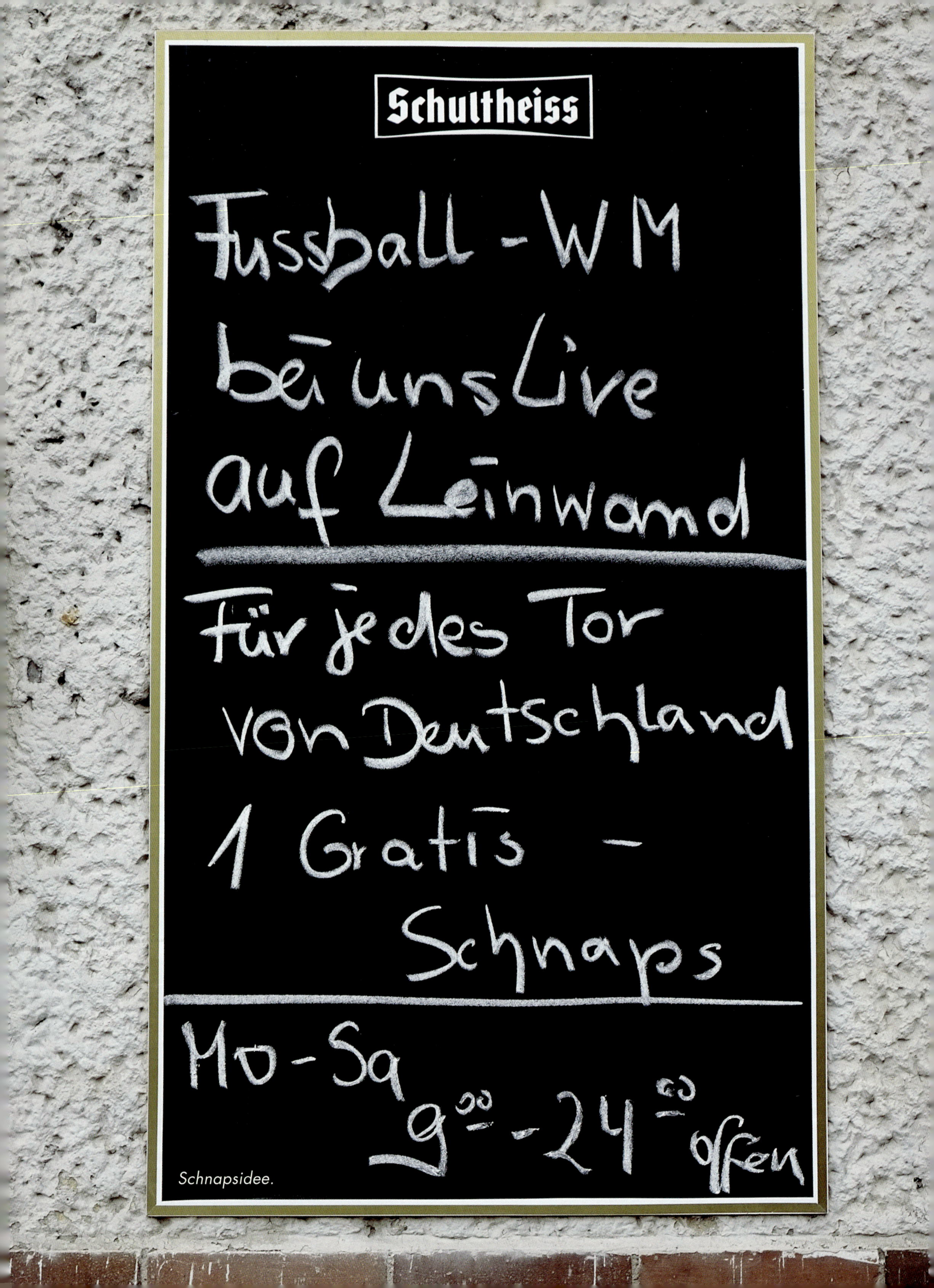
Schultheiss
Fussball-WM
bei uns Live
auf Leinwand
Für jedes Tor
von Deutschland
1 Gratis -
Schnaps
Mo-Sa
9^{00} - 24^{00} offen
Schnapsidee.

Mittendrin statt nur dabei:
Wie die Deutschen Fußball gucken

Mit „Public Viewing" ist im Englischen eigentlich die Ausstellung eines aufgebahrten Leichnams gemeint. Die Deutschen haben daraus bekanntlich etwas ganz anderes gemacht, nirgends werden zu EM- oder WM-Spielen so viele Flat-Screens aufgestellt. Warum wird hier Fußball so gern in der Öffentlichkeit geschaut?

Gunter Gebauer: Wir wollen nicht zu Hause sitzen, sondern mit Freunden oder Bekannten, mit Leuten, mit denen wir unsere Gefühle teilen können, gemeinsam etwas erleben – das haben wir ja so selten. Die Gemeinsamkeit hat sonst wenig Platz in der deutschen Gesellschaft.

Während Engländer und Spanier ständig einfach so gesellig in die Bar gehen, brauchen die Deutschen einen guten Grund?

Es gibt natürlich regionale Besonderheiten, in Bayern oder Baden-Württemberg gehen die Leute viel ins Wirtshaus ohne bestimmten Anlass, nördlich der Mainlinie ist das eher nicht der Fall. Da ist Fußball dann natürlich die Gelegenheit. Vor allem bei Europacup-Spielen, die nur auf Sky übertragen werden, das immer noch die wenigsten zu Hause haben. Da verabredet man sich, und die Kneipen sind so proppevoll, dass man froh sein muss, noch einen Stehplatz zu erwischen. Da wird dann jeder mit Vornamen angeredet und das Bier über zig Köpfe rübergereicht, das ist doch großartig.

Auch die Fanmeilen sind hier sehr beliebt. Geht es da noch ums Fußballgucken?

Nicht in erster Linie. Es geht vor allem um die Stimmung, das Zusammensein mit anderen Menschen.

Das ist ein Massenspektakel, das eine unglaubliche Wärme ausstrahlt. Besonders in Berlin gibt es offensichtlich einen starken Herdentrieb, aber der wird auch sehr genossen.

Sie haben einmal gesagt: „Das Ich wird in der Masse aufgefangen, doch die Identität jedes Fans wird im gemeinsamen Gucken erhöht."

Das habe ich gegen die klassischen Massentheorien geschrieben. Die behaupten nämlich, dass die Ich-Identität sich in der Masse auflöst, aber das ist beim Fußballgucken und den Fußballfans einfach nicht der Fall. Da wird praktisch jeder Einzelne vergrößert, man identifiziert sich mit seiner Mannschaft. Wenn die gut spielt, es also ein glücklicher Abend wird, geht man mit erhobenem Haupt davon. Dieses glückliche Selbstgefühl hält dann auch noch ein paar Tage. Es kann natürlich auch ein unglückliches werden bei einer Niederlage. Aber oft ist einfach die Tatsache, dass man sich mit anderen vereint, ein Beitrag zur Stärkung des eigenen Ichs.

Hat es das Bezahlfernsehen für die Bundesliga auch deshalb so schwer in Deutschland?

Fußball im Fernsehen wird hierzulande als Grundrecht verstanden. Und das wird in gewisser Weise auch so von der Politik gestützt, die ja das öffentlich-rechtliche Fernsehen in einer gewissen Monopolstellung hält. Die entsprechenden Vereinbarungen, die von den öffentlich-rechtlichen Sendern für die Sicherung dieses Grundrechts getroffen werden, sind auch ein Anliegen der Politik. Das dürfte in anderen Ländern nicht der Fall sein.

Welche Unterschiede sehen Sie im Vergleich zu anderen Nationen noch?

Die Nationalmannschaft hat hier einen viel höheren Stellenwert, vor allem im Vergleich zu Spanien oder England, wo die jeweilige Liga oft deutlich wichtiger ist. Bei uns ist die Nationalmannschaft eng daran gekoppelt, dass wir so ein Wir-Gefühl als Nation bekommen. Das hat ja auch lange genug gedauert. Eigentlich ist das Thema erst seit der WM 2006 im eigenen Land etwas entspannter.

Der Fußball als Ventil, mal wieder eine Fahne aus dem Fenster zu hängen.

Ich habe lange in Frankreich gelebt, wo ganz unbefangen die Nationalhymne gesungen wird. Die Franzosen lassen ihrem Nationalgefühl freien Lauf. Da dachte ich immer, eigentlich sind wir Deutschen arm dran. Wenn bei uns einer eine Flagge mitnimmt, jedenfalls von den gebildeten Menschen, wird er schief angesehen; wenn man die Nationalhymne singt, gilt man als Ultra-Nationalist. 2006 brach die Sache. Da wurde das einfach durchgesetzt unter der Euphorie, eine gute WM zu veranstalten und ein guter Gastgeber zu sein – am Ende war es ja auch das erste Mal und eine große Ausnahme, dass wirklich alle hochzufrieden waren.

Sogar mit der Nationalmannschaft.

Diesen Spielern hatte man doch überhaupt nichts zugetraut, nachdem sie nur grauenhafte Partien abgeliefert und eigentlich alle Vorbereitungsspiele vergeigt hatten. Das war eine große Überraschung. Gleichzeitig sahen wir, dass die anderen Nationen mit Fahnen, geschminkten Gesichtern und allen möglichen anderen Nationalsymbolen durch die Straßen liefen, und das setzte sich in Deutschland dann auch relativ schnell durch. Selbst in Schöneberg, wo ich wohne, flatterten plötzlich von allen möglichen Balkonen deutsche Fahnen – neben den ausländischen Flaggen, die es hier natürlich auch überall gab.

Seitdem wird dieser „geduldete Raum" immer mehr schwarz-rot-gold kostümiert.

Was 2006 noch unbefangene Freude war und nichts Aggressives hatte, ist mittlerweile tatsächlich zu einer Uniformität verkommen. Das konnte man gut bei den Public Viewings in Berlin beobachten: 2006 kamen die Leute noch bunt gemischt gekleidet, zwei oder vier Jahre später hatten alle Nationalmannschaftstrikots übergestreift. Freunde haben mir erzählt, sie seien teilweise angepöbelt worden, weil sie nicht mit einem Trikot angerückt waren.

Bundestrainer Joachim Löw wird in Umfragen regelmäßig als einer der beliebtesten deutschen Prominenten genannt. Ist das in anderen Ländern ähnlich?

Überhaupt nicht, bei kaum einer anderen Nation spielt der Trainer so eine große Rolle. Das hängt womöglich mit der Tradition zusammen: Sepp Herberger, der erste Trainer der Bundesrepublik – das war quasi das alte Feldherren-Motiv, das da wiederkam. Herberger war ein Schweiger im Trenchcoat, immer nachdenklich, ein Fuchs, der 1954 überraschend die WM gewann. Mit einer Mannschaft, die sicher nicht die beste war, die sich aber dem Feldherren vollkommen untergeordnet hatte und dann strategisch eine Marschroute durchgespielt hat. Das ist sozusagen das ganz große, prägende Vorbild – so einen Trainer will man haben. Die, die danach kamen, waren teilweise auch sehr erfolgreich: Helmut Schön, Beckenbauer, alles überlegene Typen, die im richtigen Moment die richtigen Entscheidungen fällen und die Schlacht für sich entscheiden. Spätestens seitdem Jogi Löw in der 88. Minute Götze einwechselte, der dann das entscheidende Tor zum WM-Sieg 2014 schoss, steht auch er total in dieser Tradition.

Gunter Gebauer ist Philosoph und Sportwissenschaftler, er lehrt an der Freien Universität Berlin. Unter anderem erschien von ihm das Buch Das Leben in 90 Minuten: Eine Philosophie des Fußballs.

Zusammen guckt man weniger allein:
bei der WM 2014 in Berlin.

Erst war der Mann, dann der Schuh, und der
verkaufte sich weltweit mehr als 50 Millionen Mal.
Smith selbst trägt ihn auch, hier in Melbourne,
als er Roger Federer einen Pokal überreicht.

UND ER LÄUFT UND LÄUFT UND LÄUFT

Tennislegende Stan Smith über Stan Smith. **Der Turnschuh.**

Ende der Sechzigerjahre wollte Adidas den amerikanischen Markt erobern. Ich war damals einer der besten Tennisspieler der Welt, außerdem Amerikaner, also fragten sie mich, ob ich nicht für einen ihrer Schuhe werben könnte.

Horst Dassler, der Sohn von Adi Dassler, hatte diesen weißen Schuh mit grünem Abschluss hinten ein paar Jahre zuvor für den französischen Spieler Robert Haillet entworfen. Am Anfang stand also noch „Haillet" an der Seite, mein Name und mein Gesicht wurden vorn auf die Zunge gedruckt. Erst ab 1974 hieß er dann nur noch „Stan Smith".

Es war der erste Tennisschuh aus Leder überhaupt damals, absolutes Hightech! Deshalb trugen ihn auch viele andere Spieler. Schon verrückt, dass das jetzt so lowtech ist, dass keiner mehr damit auf den Platz gehen würde. Ich habe darin immerhin Wimbledon gewonnen.

Auch nach meinem Dauer-Rivalen Ilie Nastase benannten sie damals einen Schuh. Wir machen darüber heute noch manchmal Witze, dass ich ihn da auch locker geschlagen habe: Seiner ist nicht mal ansatzweise so bekannt wie der Stan Smith. Mein Schuh sieht einfach besser aus. Dezente Löcher statt Streifen, das machte den Unterschied.

Stanley Roger „Stan" Smith gewann 1971 die US Open, 1972 Wimbledon. 1985 beendete er seine Karriere. Er führt heute die Smith Stearns Tennis Academy in South Carolina.

121

KAMPALA, UGANDA, 1974

Runde Diplomatie

Mit Sepp Herberger fing alles an. Vor gut fünfzig Jahren fragte er meinen Vater, ob er sich vorstellen könne, als eine Art „Entwicklungshelfer in Sachen Fußball" ins Ausland zu gehen. Mein Vater war damals Verbandstrainer in Karlsruhe, und weil er neben dem Fußball vor allem das Reisen liebte, sagte er: „Warum nicht?"
Herberger hatte nach dem „Wunder von Bern" viele Schreiben aus afrikanischen Ländern bekommen. Ob er dort nicht helfen könne? Den Fußball made in Germany aufbauen? Konnte er natürlich nicht, er wurde ja in Deutschland gebraucht. Aber er fand den Gedanken interessant. Also wandte er sich an das Auswärtige Amt und sagte: „Ihr schickt Ingenieure, Ärzte, Entwicklungshelfer, Regierungsberater in die Welt – warum nicht auch einen Fußballtrainer?"
Anfang 1966 kam dann der Anruf. „Herr Pape, würden Sie nach Sierra Leone gehen?" Und so machte sich mein Vater als einer der ersten Auslandsexperten des DFB auf den Weg. Sogar die Parlamentssitzung wurde für die Nachricht unterbrochen, dass der deutsche Trainer jetzt in Sierra Leone angekommen sei. Er war für alle der Heilsbringer. Mit Kokosnüssen stellte er im Sand die Positionen der Spieler und ihre Spielzüge dar.

In den folgenden Jahren zogen er und meine Mutter dann weiter um die Welt. Die deutschen Fußballtugenden nach Uganda, Ägypten, Sri Lanka, Indonesien, Thailand bringen. Ich kam 1971 in Uganda auf die Welt – und hatte ein paar Jahre später meine erste Audienz beim Präsidenten Idi Amin. Dort, wo selbst Politiker und Diplomaten oft keinen Zutritt bekamen, hatte der deutsche Trainer Pape immer Zugang. Fußball war schließlich Chefsache. Bei Länderspielen ließ es sich Amin nicht nehmen, direkt am Spielfeld von ihm die Strategie erklärt zu bekommen.
Einmal bin ich zum General rübergekrabbelt, um mir die vielen Medaillen und Orden an seiner Uniform aus der Nähe anzusehen. Bei anderen wäre das wahrscheinlich Staatsbeleidigung gewesen. Doch beim Fußball gelten eben andere Regeln. Auf und über den Rasen hinaus.

Timo Pape zog mit seinen Eltern von Uganda weiter um die Welt und fühlt sich heute immer da zu Hause, wo es ihn gerade hin verschlagen hat. Zurzeit ist er in der Schweiz als Brand Director für die Sportmarke Odlo tätig.

6
MUSIK

Rammstein um ihren Frontmann Till Lindemann sind
der gewaltigste Kulturexport des Landes.
Sie selbst nennen ihren Musikstil „Tanzmetall".

Kling, Klang, Kraftwerk. Läuft seit 1970,
hier im Opernhaus Oslo, 2016.

TECHNIK, DIE BEGEISTERT

Würde Hitler Kraftwerk hören?
Warum Techno ausgerechnet in Deutschland zur hämmernden Massenbewegung wurde.

von Felix Denk

Seien wir ehrlich: Mit dem Pop haben wir es nicht so. Gewinnt die deutsche Fußballnationalmannschaft die WM, läuft Helene Fischer. Werden Branchenpreise wie der Echo verliehen – den mittlerweile nicht mal mehr das öffentlich-rechtliche Fernsehen übertragen will –, dann beschwert sich entweder der nicht unbedingt als besonders anspruchsvoll geltende Sido, wie blöd das alles ist. Oder es stehen Rechtsrocker wie Frei.Wild auf der Bühne, weil der Preis eben nach Verkaufszahlen verliehen wird.

Während Barack Obama eine eigene Spotify-Playlist hatte und bei seiner Amtseinführung Beyoncé sang, besucht Angela Merkel im Sommer die Wagner-Festspiele in Bayreuth. Dass Gerhard Schröder dann und wann mit Klaus Meine von den Scorpions Tennis spielte, macht die Sache nicht besser, bringt sie aber auf den Punkt.

Es gibt, wenn es um Musik geht, eigentlich nur eine Popkultur, in der Deutschland eine ernst zu nehmende Rolle spielt, und das ist Techno. Das hat nicht nur, aber recht viel mit dem Ruf Berlins als Partymetropole zu tun. Da muss man nur Sven Marquardt fragen. Der gesichtstätowierte Zerberus des Berliner

Berghain, der darüber wacht, wer die Welt der Überschreitungen betreten darf, muss regelmäßig für Selfies posieren, wenn er wieder mal im Auftrag des Goethe-Instituts als Botschafter der deutschen Kultur durch die Welt jettet. Längst imitieren Clubs von New York bis Moskau die Ruinenromantik, die in Berliner Clubs als Anti-Design gängig ist. Eine rohe Betonwand? „So berghain."

Es klingt erst mal furchtbar naheliegend, dass überproportional viele Deutsche gerne Techno hören. Das Technische, die Präzision, die Funktionalität, die Effizienz, der Minimalismus, die Ernsthaftigkeit, auch die meditative Innerlichkeit, die so ein Stahlgewitter auszulösen vermag, wenn man es in einem Club bei angemessenem Bassdruck erlebt – so vieles, was die wuchtige Maschinenmusik ästhetisch auszeichnet, verbindet sie mit Charaktereigenschaften, die gemeinhin als „typisch deutsch" gelten. Dabei vergisst man leicht, dass Techno gar nicht aus Deutschland kommt. Und überhaupt nur über Umwege und Zufälle hier Fuß gefasst hat.

Vor ein paar Jahren sorgte ein YouTube-Video für einen großen Lacher, das den Musikgeschmack der

Sichere Nummer: Der Tresor war der Berliner Club der Neunzigerjahre.

Deutschen karikiert. Es wurde aufgenommen, als die Techno-Urväter Kraftwerk im MoMA in New York an acht aufeinanderfolgenden Tagen ihre acht Studioalben spielten. Der Run auf die Tickets war immens. Man konnte nur für zwei Abende Karten kaufen. Und nur 1,2 Prozent der Interessenten kamen überhaupt zum Zuge. Welch tiefe Verzweiflung das auslöste, zeigt das Video mit einer Szene aus dem Film *Der Untergang* – mit falschen Untertiteln.

Adolf Hitler bekommt einen Wutanfall, als er erfährt, dass er nicht alle acht Shows seiner Lieblingsband sehen kann. Und wenn er Pech hat, gar keine. Seine Stimmung ist so verzweifelt, dass der GröFaZ sogar Karten für die weit unattraktiveren, späten Alben wie *The Mix* oder *Electric Café* nehmen würde. Letzteres klinge gar nicht so furchtbar, wie alle sagen. Nur halt, als würde die Band gerade die Voreinstellungen des Yamaha DX7 ausprobieren. Für alle, die noch nie einen Synthesizer gesehen haben: Das ist weit weniger komplex, als eine Gitarre zu stimmen.

So lustig das Video ist, es hat einen entscheidenden Fehler. Die glühendsten Kraftwerk-Fans kamen gar nicht aus Deutschland. Florian, Ralf, Karl und Wolfgang – die „Fab Four der elektronischen Musik", wie sie die *New York Times* nannte –, revolutionierten Mitte der Siebziger die Popmusik. Nur in Deutschland interessierte das niemanden so recht. Wagten sie sich in ihrer Heimatstadt Düsseldorf mal in den Ratinger Hof, wo man in den späten Siebzigern so rumhing, wenn man cool und Punk war, kassierten sie schon mal „Arschtritte". Das gab Schlagzeuger Wolfgang Flür zu Protokoll. Er ist der einzige, der dann und wann spricht.

Aber nicht nur die Gegenkulturen konnten nicht mit Kraftwerk, auch in den Zeitungen gab es lange lauwarme bis miese Kritiken. Obwohl – oder vielleicht

weil – die Düsseldorfer ein Spiegel- und Zerrbild des deutschen Wesens waren, inklusive Autoliebe, Ingenieurskult, Technikgläubigkeit.

Daheim galten sie als komische Schnösel, die immer im Anzug rumliefen, überall sonst als Visionäre. Die englische Synthie-Pop-Welle Anfang der Achtziger mit Depeche Mode, New Order, Yazoo, Ultravox oder Human League wäre ohne Kraftwerk kaum vorstellbar. In New York sampelte die noch junge Hip-Hop-Szene die synthetischen Klänge, die im Düsseldorfer Klingklang-Studio programmiert wurden, und bastelte daraus futuristische Electro-Tracks (die bald zahlreiche Anwälte beschäftigten – wenn es um die Verwendung ihrer Musik geht, zeigen Kraftwerk nämlich einen Charakterzug, der ebenfalls als Spezialgebiet der Deutschen gilt: Humorlosigkeit).

Fragt man in Detroit, was im Juli 1981 so los war, dann sagt jeder nur: Kräääftwööörk. Die spielten in der maroden Autostadt auf ihrer *Computerwelt*-Tour und alle, die später im Techno was zu melden hatten, waren da und fanden diese German unfunkiness – total funky. Weil man in Detroit immer weniger Autos, aber immer mehr Techno-Platten produzierte und exportierte, kamen Ende der Achtziger die elektronischen Rhythmen schließlich auch nach Deutschland. In Frankfurt hatte man da schon längst begriffen, was in den synthetischen Klängen steckt. In Berlin schließlich wurde aus dem gar nicht mehr so neuen Sound eine Massenbewegung.

Warum? Zufall. Drei Faktoren wirkten zusammen. Einmal die Wucht der neuen Klänge. Die Musik verkörperte, etwas völlig Neues zu sein. Zu den politischen Umbrüchen mit Mauerfall und Wiedervereinigung passte der musikalische Aufbruch in die Zukunft. Dann ist da die Magie der Orte. In den Neunzigern, als die Mauer gefallen war und die halbe Stadt leer stand, wurden entlang des ehemaligen Todesstreifens Panzerkammern, Seifenfabriken, Hochbunker und Umspannwerke temporär in ziemlich aufregende Tanzflächen umfunktioniert. Manchmal nur für eine Nacht, manchmal so lange, dass Raver aus der ganzen Welt das Wochenende bis weit in den Wochenanfang dehnten.

Und dann transportierte die Musik noch ein Versprechen: Plötzlich schien es, als könne jeder seine eigene Welt programmieren. Techno war ein Sound der flachen Hierarchien. Platten auflegen, Musik produzieren, Label gründen, Party veranstalten, Flyer gestalten, T-Shirts drucken – Techno rief zur Teilhabe auf. Und dem Ruf folgten viele. Ende der Neunziger tanzten so viele Menschen zur Loveparade auf der Straße des 17. Juni, dass der damalige Pressesprecher der Veranstaltung, Daniel Bier, mit der frei erfundenen Behauptung, eine Million Raver wären gekommen, einfach so durchkam.

Um diese Anfangstage des Techno hat sich mittlerweile eine große Nostalgiewelle entwickelt. Techno ist ein deutscher Erinnerungsort, der im kollektiven Gedächtnis fest verankert ist und immer wieder neu gedeutet wird. Stand die Musik damals noch gelegentlich unter Faschismusverdacht – dumpfes Gestampfe, gleichgeschaltete Tänzer –, gilt Techno heute als Sound der Wiedervereinigung; manche finden gar, mit Techno hätte Deutschland sein Nachkriegstrauma weggetanzt.

Auf jeden Fall war es die erste Musik, zu der die Jugend aus Ost und West zusammen tanzte. Die Szene war ein deutsch-deutsches Gemeinschaftsprojekt, und anders als das im Rest der Übergangsgesellschaft oft lief, fühlte sich hier niemand übervorteilt. Bis heute hat Techno im Osten Deutschlands die größten Fans. Clubs wie die Distillery in Leipzig gehören nach dem Berliner Tresor, gegründet von zwei Wessis und einem Ossi, zu den am längsten laufenden Clubs. Von den DJ-Stars des Berghain kommen viele aus dem Berliner Umland. Auch ein Chartstürmer wie Felix Jaehn, der mit der Clubszene natürlich keine Berührungspunkte hat, kommt aus Mecklenburg-Vorpommern.

Die Umbrüche, der Freiheitsflash, aber auch die Orientierungslosigkeit – all das beförderte die damalige Partyenergie. Und wirkt bis heute fort. Dass Berlin heute als irgendwie cooler, freier, unangepasster und aufregender wahrgenommen wird als die allermeisten anderen Städte in Europa, das hängt schon viel mit den wilden Wendejahren zusammen.

Mag sein, dass die Clubszene von damals mit der von heute in vielerlei Hinsicht nicht mehr viel gemein hat. Hatte man damals nicht mal eine Steuernummer, geht ein Club heute nicht ohne Businessplan an den Start. Und trotzdem überwiegen die Ähnlichkeiten. Die Härte, die Düsterkeit, die Drastik. Das, was Techno damals im Kern ausmachte, funktioniert noch heute. Vielleicht sogar noch besser. Denn getanzt wird in Berlin heute mehr und länger als je zuvor.

Felix Denk ist freier Autor. Zusammen mit Sven von Thülen veröffentlichte er 2012 das Buch Der Klang der Familie: Berlin, Techno und die Wende.

„Happy Sound": James Last übersetzte Popmusik
für alle, die bei Swing stehen geblieben waren.
Allein in der Royal Albert Hall
trat er 95 Mal auf.

INTERVIEW MIT JAMES LAST

Sie nannten ihn Hansi.
Der Mann, der uns locker machte

James Last sitzt in der Wohnung, die seine Platten-firma ihm zur Verfügung stellt, wenn er aus Florida zu Besuch ist. Adresse: Schöne Aussicht in Hamburg, Blick auf die Außenalster. Pro Minute laufen zehn Jogger vorbei. Zu oft dürfe er ja nicht mehr nach Deutschland kommen, sagt James Last. Die Steuern. Der Becker-Komplex. Man kenne das ja. Der 75-Jährige versinkt in einem beigefarbenen Polstersessel. Während er redet, hüpft er darin her-um, reckt die Arme nach oben. Klatscht lachend in die Hände. Das swingende Methusalem-Komplott. Die Haare sind genauso weiß wie sein Hemd, das für sein Alter ganz schön weit aufgeknöpft ist. Er trägt keinen Anzug, sondern schwarze Jeans, braune Freizeitschuhe, Socken von Tommy Hilfiger. Ist das wirklich noch James Last? Der „Gentleman of Music"?

Herr Last, wie schade. Ich hatte gehofft, Sie würden einen weißen Anzug tragen.
James Last: Das fehlte ja noch.
Aber es gibt nur sehr wenige Männer, denen weiße Anzüge stehen. Und von all denen sahen Sie immer noch am besten darin aus.
Danke.
Sie sind mittlerweile seit über 40 Jahren im Geschäft. Wissen Sie noch, wie viele weiße Anzüge es in all den Jahren waren?
Drei oder vier vielleicht.

Im Ernst? Mehr nicht?
Es waren halt immer dieselben.
Und von welchem Designer?
Kein Designer. Wir hatten einen eigenen Haus-schneider, der das gesamte Orchester eingekleidet hat. Alles ganz schick. Wie es sich gehört.
Wie meinen Sie das?
Wenn sich das Publikum schick macht, tut man es ihm gleich. Das ist doch wohl selbstverständlich. Ich würde auch nie ungeduscht auf die Bühne gehen.
Was tragen Sie privat?
Zum Beispiel das, was ich jetzt trage: ein schönes Hemd, eine schwarze Hose. Wenn ich arbeite, also komponiere, habe ich am liebsten eine alte Trainings-hose an. Es muss bequem sein.
Sie sind im April 75 geworden ...
... und Sie meinen, dann darf man etwas Bequemes tragen?
Äh, ja, das auch. Aber, was ich eigentlich sagen wollte, war, dass Sie im Gegensatz zu vielen anderen in Ihrem Alter trotzdem immer noch sehr stilbewusst auftreten. Finden Sie, dass ältere Leute hierzulande zu viel Beige tragen?
Ich selbst habe nichts Beiges. In Florida ziehen sich auch die alten Knaben noch bunte Anzüge an. Hier passt das Äußere leider meistens zum Gesicht. Alles grau.
Aber bei Ihnen ist das anders.

135

Ich lebe ja auch in Amerika. Und ich bin noch jung. 75 Jahre jung, nicht alt. Verstehen Sie?

Okay. Verstanden. Sie gelten als Meister der guten Laune, Sie haben den Happy Party Sound erfunden, eigentlich kennt man Sie nur lachend. Wie schafft man das, immer so gut drauf zu sein?

Ein Kinderspiel. Du musst dich selbst erkennen. Dann ruht man in sich, lacht in sich hinein. Das macht gute Laune. Sie lächeln übrigens auch viel.

Ich versuche ja gewissermaßen auch, Sie bei Laune zu halten.

Wenn ich auf der Bühne bin, ist es mein Job, die Leute mitzureißen. Ihnen zu zeigen: Mensch, wir können doch alle noch! Wenn ein Rock'n'Roll-Medley kommt, sage ich: Jetzt mal die Stöcke beiseite, raus aus den Socken und los geht's! Und das machen die alle mit. Ganz erstaunlich.

Ist das nicht furchtbar anstrengend, immer so gut drauf zu sein?

Ach was, das macht doch Spaß! Und hält jung.

Scheint zu funktionieren. Ihr Motto lautet ja auch …

… andere gehen zur Kur, ich geh auf Tour! (Er klatscht sich auf die Schenkel, hüpft lachend in seinem Sessel.)

Sie waren gerade in Großbritannien, Schweden und Dänemark auf Tour. Spielen Sie immer noch vor vollen Häusern?

Ja, erstaunlich nicht? Das war fantastisch. Ich freue mich schon, dass es bald in Deutschland losgeht.

Ihre neue Platte klingt sehr modern. Eine ganze Reihe Gastmusiker ist dabei, darunter Rapper wie RZA und Jan Delay, viel wurde am Computer abgemischt. Und dann lautet der Titel *They call me Hansi*. Hört sich komisch an.

Als ich meine erste Platte gemacht habe, hat die Plattenfirma meinen richtigen Namen Hans Last ein-fach in James Last geändert. Weil das international besser klingen würde. Da hab ich damals gedacht: „Die haben ja wohl einen Vogel!" Später habe ich auf einem Konzert in England gesagt: „Friends call me Hansi." Seitdem hieß ich dort nur noch Hansi. Die wollten alle meine Freunde sein.

Haben Sie keine Bedenken, dass Sie Ihr älteres Publikum mit *They call me Hansi* abhängen?

Mit Tom Jones und Luciano Pavarotti? Das nennen Sie zu jung? Und selbst wenn, die Leute werden sich daran gewöhnen müssen. Die Zeiten haben sich geändert. Alles wird schneller. Für mein Gefühl ist das jetzt genau richtig.

War nicht Ihr Motto: Man soll seinem Stil immer treu bleiben?

Man soll sich selbst immer treu bleiben. Das heißt nicht, dass man nicht mit der Zeit gehen kann.

Kultregisseur Quentin Tarantino hat Ihren Song „Der einsame Hirte" auf den Soundtrack von *Kill Bill – Volume I* genommen, Popmusiker P. Diddy hat eines Ihrer Stücke gesampelt. Was ist das für ein Gefühl für jemanden, dessen Musik einst als „Brei für Zahnlose" verspottet wurde?

Ist das nicht toll? Als ich die neuen Versionen das erste Mal gehört habe, hat mich das richtig umgehauen. Wenn solche Leute bei mir anfragen, schwebe ich wie auf Wolken.

Können Sie sich wirklich mit all den Leuten identifizieren? Auf Ihrer neuen Platte singen Xavier Naidoo, Herbert Grönemeyer.

Absolut. Privat höre ich zum Beispiel Hip-Hop von Usher.

Gibt es eigentlich irgendetwas, was Sie nicht gut finden?

Nein, alles hat seine Berechtigung.

Ist das eigentlich ein Ohrring, den Sie da tragen?

Ja, mein Ehering. Wieso?

Weil der Männerohrring ja eigentlich längst ausgestorben ist.

Ach ja? Ich find's gut. An den Fingern habe ich nie Ringe getragen, weil ich früher Bass gespielt habe. Als ich vor fünf Jahren wieder heiratete, hab ich ihn mir ins Ohr gesteckt. So vergesse ich ihn wenigstens nie.

Zu Ihrer neuen Platte hat der niederländische Popstar-Fotograf Anton Corbijn Aufnahmen von Ihnen gemacht. Aber man erkennt Sie darauf kaum.

Dabei zeigt er mich endlich, wie ich wirklich bin! Wir haben uns zum ersten Mal getroffen. Und er hat mich gleich richtig erkannt.

Sie tragen Cowboyhut und Lederhose, wirken eher wie Charles Bronson denn wie James Last.

Das bin aber viel mehr ich! Das andere war nicht ich. Diese gestellten Bilder mit Pailletten-Anzug, zigmal geschminkt, dreimal lackiert und dann vor die Wand gestellt.

Dafür haben Sie das aber ganz schön lange mitgemacht.

Ich hab gedacht, das gehört dazu. Das müsste so sein.

Früher waren Sie also James. Und jetzt sehen wir Hansi?

So kann man das sagen. Absolut richtig.

Ist das nicht ein bisschen spät?

Warum spät?

Stimmt. Verzeihung. Sie sind ja noch jung. Also, als James hatten Sie das Gute-Laune-Image …

… gute Laune habe ich auch jetzt …

… aber auf den Bildern schauen Sie eher cool und verwegen aus. Passt zu Hansi auch mehr als zu James, dass, wie erzählt wird, früher im Tourbus manchmal schon morgens Bier und Schnaps getrunken wurde?

James hat das trotzdem gemacht mit seiner Band. Es kam auch mal vor, dass wir draußen vor dem Bus standen mit einer Flasche Schnaps und gesagt haben: Hier kommt keiner rein, der nicht einen trinkt! Hat es alles gegeben.

Das hätten viele Ihrer Fans aber sicher nicht von Ihnen gedacht.

Die wussten schon, warum ich meinen Spaß hatte. Jetzt trinke ich halt Tee. Macht auch Spaß.

Trinken Sie überhaupt noch Alkohol? Sie hatten doch mal Leberprobleme.

Ja, aber nicht so wie früher. Früher flaschenweise, heute gläserweise. (Lachen, Schenkelklopfen, Hüpfen.) Das war ein Witz.

Übernächste Woche geht Ihre Tour in Deutschland los. Sind Sie dann mehr James oder mehr Hansi?

Das wird wohl eine Mischung aus beidem werden. Ich bin mir noch nicht ganz sicher. Ich hab mich ja erst selbst jetzt so entdeckt. Aber viele finden das gut so.

Und werden Sie dann mit Lederhose und Cowboyhut auftreten oder legen Sie doch noch einmal den weißen Anzug an?

Fangen Sie wieder damit an! Ich dachte sogar daran, in der zweiten Hälfte Jeans zu tragen.

Nein, der weiße Anzug ist genau Ihr Ding. Der sieht fantastisch an Ihnen aus. Kein Witz.

Dann ist es wohl Zeit, wieder einen machen zu lassen.

Silke Wichert führte dieses Interview 2004 für die Welt am Sonntag. *James Last starb im Juni 2015 in seiner Wahlheimat Florida. Er wurde 86 Jahre alt.*

Heart Rock: Rudolf Schenker, Klaus Meine
und Matthias Jabs 1979 auf Tour in Cleveland.

WIND OF CHANGE

Scorpions.
Die erfolgreichste deutsche Rockband der Welt

von Lars Amend

Stell dir vor, es ist 1969, du bist 21 Jahre alt, kommst aus einem verschlafenen Dorf in Niedersachsen, hast gerade deine Lehre als Starkstromelektriker abgeschlossen und stehst vor der wichtigsten Entscheidung deines Lebens: Mache ich, wovon ich schon immer geträumt habe oder mache ich, was von mir erwartet wird?

Deine Idole heißen Elvis Presley, The Rolling Stones und The Beatles; ihre Poster hängen in deinem Zimmer und ihre Songs ziehen dich vor dem Küchenradio deiner Eltern magisch in ihren Bann.

Stell dir vor, eine Band namens Led Zeppelin veröffentlicht gerade ein Debütalbum, das die Welt des Rock 'n' Roll für immer verändern wird, und das göttliche Gitarrenspiel eines jungen Mannes namens Jimmy Page beflügelt deine Fantasie derart, dass du vor Aufregung nachts kein Auge mehr zubekommst. Du träumst davon, auf der großen Bühne zu stehen; Gitarre zu spielen so wie Jimmy, mit einer eigenen Rockband, einer „Gang", wie du immer wieder sagen wirst; durch die Welt zu ziehen und Abenteuer zu erleben, die exklusiv für Rockstars reserviert sind. Stell dir vor, dieser Wunsch wird so groß, dass du alles dafür tun würdest.

Und jetzt stell dir vor, deine 18-jährige Freundin reißt dich ohne Vorwarnung aus diesem Traum heraus, katapultiert dich auf den Boden der Realität zurück und verkündet, dass sie schwanger ist. Deine Mutter erwartet natürlich, dass du Verantwortung übernimmst, mit der Musik aufhörst und weiter in deinem Beruf arbeitest, um deine neue Familie zu ernähren. Du bist ein einfacher Arbeiterjunge, verdienst nicht viel Geld.

Klaus Meine, der neue Sänger in deiner Hobbyband, spricht genauso wenig Englisch wie du, sodass ihr eure Texte einfach halten müsst, um sie mithilfe eines Wörterbuchs übersetzen zu können. Ein paar amerikanische G.I.s, mit denen ihr befreundet seid, helfen euch dabei. Wann immer du Menschen von deinem Traum erzählst, wirst du für verrückt erklärt.

Stell dir für einen Moment vor, du machst es trotzdem. Du kündigst deinen Job, gibst deiner Freundin und dem Baby das Versprechen, immer für sie zu sorgen, und versuchst einen Weg zu finden, weiterhin die Musik zu machen, die du so sehr liebst. Mit viel Durchhaltevermögen schaffst du es sogar, mit deiner Band ein Album aufzunehmen – aber dann schlägt die Realität mit voller Härte zurück:

„Während der Anfangszeit wollte uns in Deutschland niemand hören und die Medien prügelten uns windelweich", erinnert sich Rudolf Schenker, Gründer und Gitarrist der Scorpions. „Eine Rockband aus Deutschland mit englischen Texten? Das braucht doch kein Schwein! – Wir wurden radikal ignoriert, und wenn wir doch einmal das Glück hatten, in einem Musikmagazin besprochen zu werden, standen da Sätze wie: ‚Das Besondere an den Scorpions-Schallplatten ist, dass sie prima dazu geeignet sind, sie unter einen wackeligen Tisch zu stellen, wenn man gerade keinen Bierdeckel zur Hand hat.' Deutschland ließ uns keine Wahl: Wir packten unsere Instrumente zusammen, stiegen in unseren alten klapprigen Tourbus und versuchten unser Glück in der Ferne."

Die kollektive Ablehnung ihres Heimatlandes sollte sich später als Jackpot erweisen, denn daraus entwickelte sich innerhalb der Band eine Gruppendynamik, die durch nichts zu zerstören war. Sie standen mit einer Euphorie und Kraft für sich und ihren Traum ein, die zuerst im angrenzenden Europa und später auch in Amerika einzigartig waren. Ihr Motto lautete: „Wir spielen überall, wo es ein Abendessen und Strom für unsere Instrumente gibt und haben dabei nur ein Ziel: die Herzen der Menschen zu gewinnen." Aus unzähligen kleinen Auftritten wurden so Stadiontourneen, Welthits entstanden und aus den Jungs mit den einfachen Texten, die in Deutschland niemand hören wollte, wurden Legenden.

„Wir hatten schon immer eine globale Vision", sagt Rudolf Schenker. „Wir wollten auf der ganzen Welt verstanden werden und eben nicht nur in Deutschland. Udo Lindenberg, Herbert Grönemeyer oder Die Toten Hosen, um nur einige zu nennen, haben alle einmal den Versuch unternommen, auch im Ausland, speziell in Amerika, Erfolg zu haben, indem sie dort Alben mit englischen Texten herausbrachten. Sie sind alle gefloppt. Warum? Weil ihre Themen zu deutsch waren. Man hat ihren Witz, ihre Ironie und alles, was sie in Deutschland so besonders macht, im fremdsprachigen Ausland nicht verstanden. Bei uns war es, abgesehen von ‚Wind of Change', immer umgekehrt."

Im Prinzip hat sich daran bis heute – auch fünfzig Jahre nach ihrer Bandgründung, nach weltweit ausverkauften Tourneen, internationalen Auszeichnungen und weit über 100 Millionen verkaufter Tonträger – wenig geändert. In Deutschland beschränkt sich die Wahrnehmung der Scorpions noch immer auf „Wind of Change".

Im Ausland könnte es unterschiedlicher nicht sein: Die Scorpions treten dreimal nacheinander im New Yorker Madison Square Garden auf (mit Bon Jovi im Vorprogramm); Shakira trägt in einem Werbespot für Pepsi als Fashion-Statement ein Scorpions-T-Shirt, ebenso Kanye West für ein Shooting mit Stilikone Kim Kardashian; Pink dreht durch, als Rudolf Schenker ihr eine handsignierte Gitarre schenkt; „Rock You Like A Hurricane", einer ihrer vielen Hits, taucht in einer Folge der *Simpsons* auf, Helmut Newton fotografiert das Album-Cover für *Love at First Sting*; das Cover zu *Blackout* besteht aus einem Selbstporträt des Künstlers Gottfried Helnwein; das Büro von Barack Obama fragt an (als er noch US-Präsident war), ob während seines Staatsbesuchs in Deutschland die Scorpions auftreten könnten; und James Hetfield, Frontmann bei Metallica, antwortet auf die Frage, welche Musiker ihn als Gitarristen am meisten geprägt haben: „Malcolm Young von AC/DC, Johnny Ramone von The Ramones, Tony Iommi von Black Sabbath und Rudolf Schenker von den Scorpions."

Fragt man ihn nach einem der schönsten Augenblicke seiner Karriere, sagt Rudolf Schenker mit einem Zen-artigen Lächeln: „Es gibt viele, aber als mich Jimmy Page im Jahr 2005 nach einem Konzert im Londoner Hammersmith Apollo in meiner Garderobe überraschte und sagte: ‚Well done, Rudy', war das schon ein besonderer Moment für mich."

Träume können in Erfüllung gehen. Stell dir vor.

Lars Amend ist Life-Coach und Autor mehrerer Spiegel-Bestseller. Zusammen mit Rudolf Schenker, dem Gründer und Gitarristen der Scorpions, hat er das Buch geschrieben Rock your Life: Mit Spaß zu Glück und Erfolg.

„Take me to the magic of the moment
On a glory night
Where the children of tomorrow
dream away
In the wind of change"

Nena, das Mädchen: In Deutschland waren gerade atomare Pershing-II-Raketen stationiert worden. Bei einem Konzert der Rolling Stones 1982 in Westberlin, bei dem bunte Luftballons in den Himmel stiegen, fragte sich der Gitarrist Carlo Karges, was wohl passieren würde, wenn die an der Grenze zu Ostberlin eine Kurzschlussreaktion auslösen würden. Es passierte dann tatsächlich etwas Gewaltiges: Der Song „99 Luftballons" wurde Nummer eins in Deutschland und ein Hit in Japan, Mexiko, Kanada und Australien. In Amerika schaffte es die deutschsprachige Version auf Platz zwei, die englische in Großbritannien kurze Zeit später an die Spitze der Charts.

7

INTERNE ANGELEGENHEITEN

*Flache Hierarchie: Kanzlerbungalow in Bonn,
Anfang der Sechziger Symbol der weltoffenen
und modernen Gesinnung der BRD.*

*Joschka Fischer trug Statement-Schuhe, bevor
die Mode das Wort überhaupt kannte.*

POWER DRESSING

Führungs-Stil.
Über das Verhältnis von deutschen Politikern und Mode

von Christoph Amend

Niemand kann der eigenen Biografie entfliehen, und deshalb ist das erste Bild, das mir einfiel, als ich über deutsche Politiker und Mode nachdachte, ein Foto von Joschka Fischer bei seiner Vereidigung als hessischer Umweltminister 1985.

Ich war elf Jahre alt, und ich weiß noch, wie gebannt ich auf das Foto sah, das in der Zeitung abgedruckt worden war: Der Mann, von dem ich nicht viel mehr wusste, als dass er jetzt der erste grüne Minister der Bundesrepublik war, und dass die Grünen von vielen Erwachsenen gehasst wurden, trug bei der Vereidigung weiße Turnschuhe von Nike.

Von heute aus betrachtet, besonders für Nachgeborene, lässt sich die Wirkung dieses Bildes kaum noch erahnen, weil heute die halbe Welt Turnschuhe trägt. Nikes waren jung, waren cool, standen in Deutschland für amerikanische Popkultur. Das Bild war eine einzige Provokation: Es vereinte Politik und Coolness, Rebellion und Inszenierung.

Ausgerechnet ein Grüner, einer aus der Partei, die eigentlich doch gegen Konsum war, hatte mit einem Fashion-Statement (und nichts anderes waren die Nikes an seinen Füßen) gezeigt, dass man in Deutschland mit Mode Politik machen kann. Die Geste drückte ein ganzes Generationsgefühl aus, natürlich auch in all seinen Widersprüchen. Denn Joschka Fischer zeigte einerseits, wie klar ihm war, dass die Rebellion seiner Generation ihn an die Macht gebracht hatte – aber wie konnte man auf Dauer ein Rebell bleiben, wenn man an der Macht war?

Als Joschka Fischer Jahre später wieder einmal Erster wurde – diesmal erster grüner Vizekanzler und Außenminister –, setzte er auch wieder seinen Körper ein, um Politik zu machen. Diesmal war es nicht das Fitnesssymbol Turnschuhe, diesmal war es die Fitness selbst. Er joggte sich an die Macht, trank nur noch Wasser und schrieb einen Bestseller darüber: *Mein langer Lauf zu mir selbst.* Wieder traf er damit den Zeitgeist, genauso wie der deutsche Außenminister der Mode, Karl Lagerfeld, der in derselben Zeit ebenso radikal abnahm und ebenso ein Buch darüber veröffentlichte. Auch wenn Lagerfelds Motiv etwas banaler war: Er wollte vor allem in die engen Jeans passen, die Hedi Slimane gerade entworfen hatte.

Die Nikes von Joschka Fischer haben meine Generation geprägt. Vielleicht ist sie auch deshalb immer besonders begeistert von Politikerinnen und Politikern, denen gelingt, beides zu verbinden: Haltung mit Stil. Wie beim „Cool Britannia"-Wahlkampf der britischen Labourregierung der Neunzigerjahre (auch wenn das Versprechen der Coolness leider nicht eingelöst wurde) oder zwei Jahrzehnte später bei den Kleidern von Michelle Obama, die als Frau des amerikanischen Präsidenten mit ihrem Stilbewusstsein junge amerikanische Designer förderte.

In meinem Büro in der Redaktion des *ZEITmagazins* hängt ein Foto von Willy Brandt aus den Siebzigern an der Wand, das ihn lässig in blauem Jeanshemd mit offenem Knopf zeigt, mit Zigarette im Mund und Mandoline in der Hand. Wenn Besucher zum ersten Mal in das Büro kommen und das Bild sehen, kommt es immer zur selben Reaktion: ein schwärmerisches

Lächeln im Gesicht, egal ob sie Brandts Partei jemals gewählt haben.

Ich habe das Bild aufgehängt, obwohl ich weiß, dass es längst nicht so zufällig entstanden ist, wie es wirkt. Willy Brandt konnte überhaupt keine Mandoline spielen, er hatte das Instrument nur für den Fotografen in die Hand genommen. Und er war auch nicht so alleine, wie die Aufnahme suggeriert. Wahlkampfmanager haben Brandts Begleiter im Bildhintergrund einfach entfernen lassen, damit der Kanzler noch einsamer, noch melancholischer, noch attraktiver wirkt. Der Lonesome-Cowboy-Style à la SPD. Das Motiv, das die Partei 1976 hunderttausendfach als Postkarte und Poster drucken ließ, sieht so authentisch aus, als sei es an einem Sommerabend in Südfrankreich aufgenommen und nicht – wie in Wahrheit – in der Nähe von Bielefeld.

Willy Brandt hatte Stil, ob mit oder ohne Mandoline. Schon als er im Nachkriegsdeutschland Bürgermeister von Westberlin war, ließ er sich, so berichtete zumindest die *Berliner Morgenpost*, von einem Senatskollegen zum legendären Maßschneider Müller lotsen, der in der Leibnizstraße Ecke Ku'damm saß. Er störte sich nicht daran, dass Stil nicht der Klischeevorstellung eines Sozis entsprach. Brandts Anzüge saßen. Als er 1963 neben Kennedy stand, machte er ebenso eine gute Figur wie 1960, als ihn Marlene Dietrich im Roten Rathaus besuchte.

Auch sein Nach-Nachfolger Helmut Kohl ließ seine Anzüge maßschneidern, bei Eduard Dressler. Aber das ist bis heute weniger bekannt als die berühmte Strickjacke, die er 1990 im Kaukasus trug, als er Michail Gorbatschow besuchte und bei einem Spaziergang von der deutschen Wiedervereinigung überzeugte. Kohl wusste, wie sehr man mit Kleidung Symbolpolitik machen kann. Als er Ende der Neunziger in die überfluteten Oder-Gebiete reiste, trug er demonstrativ Gummistiefel.

Gerhard Schröder hat diesen Trick von ihm übernommen, und auch er hat als Bundeskanzler modische Schlagzeilen gemacht, aber ganz anders als von ihm geplant. Frisch im Amt ließ er sich 1999 von Peter Lindbergh fotografieren – als die Bilder veröffentlicht wurden, war der Spott groß.

„Kaschmir-Kanzler", „Brioni-Kanzler": Diese Etiketten ist Schröder nie mehr wirklich losgeworden. Peter Lindbergh hat sich später in einem Interview darüber aufgeregt: „Das Lifestyle-Magazin von Gala, das die Bilder damals brachte, nannte in den Fotocredits auch die Herstellernamen und die Preise. Mantel: Brioni, 4 000 Mark, Anzug: Kiton, 3 000 Mark. Der Kanzler wurde so zu einem Mannequin degradiert, das war eine Schwachsinnsidee. Grotesk." Angela Merkel hat wie so oft in ihrem Leben auch in diesem Fall von Fehlern ihrer Vorgänger gelernt. Es gibt bis heute kein Modeshooting mit ihr, auch wenn die

*Mit Gerhard Schröder regierte plötzlich
„linker Hedonismus". In Frankreich waren die Anzüge von
Nicolas Sarkozy nie ein Thema, er trug Dior.*

Überkanzler: Willy Brandt 1965 in Paris.

„Brandt störte sich nicht daran, dass Stil nicht der Klischeevorstellung eines Sozis entsprach. Seine Anzüge saßen. Als er 1963 neben Kennedy stand, machte er ebenso eine gute Figur wie 1960, als ihn Marlene Dietrich im Roten Rathaus besuchte."

Helmut Kohl in der Strickjacke, mit der sich am Ende alle einigen konnten: 1990 bei Michail Gorbatschow im Kaukasus.

deutsche Modeindustrie sich bestimmt freuen würde. Alle Versuche auch der renommiertesten internationalen Fotografen und berühmtesten Magazine blieben erfolglos.

Schon 1996 hat Merkel in einem Interview der Fotografin und Autorin Herlinde Koelbl gestanden, dass sie „das Aufgestylte" nicht liebe: „Ich fühle mich dann nicht wohl." Schon damals wollte man ihr zurufen, dass ja gerade ein gutes Styling so dezent wirkt, dass man sich erst richtig wohlfühlen kann. Aber es gehört zu den Ironien der deutschen Modegeschichte, dass ausgerechnet die erste Kanzlerin mit dem Thema gar nichts anzufangen weiß. Sie trägt das funktionale „Merkel-Jackett" in fast allen Farben, entworfen von der Hamburger Designerin Bettina Schoenbach, und versucht ansonsten vor allem, Fehltritte zu vermeiden.

Die Schweißflecken-Bilder von Bayreuth, das tiefe Dekolleté beim Opernbesuch in Oslo – wann immer solche Bilder auftauchen, hat man als Betrachter Mitleid mit der Kanzlerin: Lasst die Frau mit solchem Firlefanz in Ruhe, sie soll ja das Land regieren und nicht in Paris auf den Schauen laufen. Es passte lange Zeit perfekt zu ihrem Ruf der stets bedächtigen, uneitlen Politik-Managerin, dass ihr die Oberfläche der Mode fremd ist. Nach der Grenzöffnung im Herbst 2015 hat sich die öffentliche Wahrnehmung von Angela Merkel verändert – nur modisch ist alles beim Alten geblieben.

Das Verhältnis von deutschen Politikern und Mode, abgesehen von Willy Brandt und Fischers Nikes, existiert oft vor allem als platter Gag. Außenminister Genscher liebte gelbe Pullover, die Farbe seiner Partei. SPD-Politiker von Franz Müntefering bis Walter Momper trugen aus demselben Grund gerne rote Schals. Guido Westerwelle klebte sich die Zahl 18 unter die Schuhsohlen, als er glaubte, mit seiner Partei bei Bundestagswahlen auf 18 Prozent kommen zu können. Und man galt schon als Exzentriker, wenn man wie Heinz Riesenhuber, lange Zeit Minister unter Helmut Kohl, Fliege statt Krawatte trug.

Heute regiert wieder das Prinzip Unauffälligkeit – bei deutschen Politikerinnen wie bei Politikern, wenn man von Claudia Roth absieht. Das muss nichts Schlechtes bedeuten, aber manchmal wünsche ich für die Elfjährigen von heute, dass auch sie einen Moment mit der deutschen Politik erleben wie ich damals, als ich das Foto von Joschka Fischer in den Nikes sah. Wir können doch nicht alles Justin Trudeau überlassen.

Christoph Amend ist Chefredakteur des ZEITmagazins.

Niemand trug Pullunder, dieses seltsame Zwitterteil
der Mode, selbstverständlicher als Hans-Dietrich
Genscher. Vorzugsweise in frischem Zitronengelb,
passend zur Parteifarbe der FDP, wurden
sie zu seinem Markenzeichen – und
Fanartikel. Bei einer Versteigerung 1999 bot
jemand 7015 Mark für einen von Genschers
Pullundern. Seine Frau Barbara kaufte sie bei der
Münchner Firma März, die immer noch existiert,
jetzt allerdings unter dem ungleich
moderneren Namen „Maerz".

8
EXTERNE ANGELEGENHEITEN

Die Welt zu Gast bei Freunden: von links eine Saalkandidatin aus Kiel, Ulrike von Möllendorff, Sabine Christiansen, Jutta Wolf, Ephraim Kishon, Thomas Gottschalk, Christopher Lee, Peter O'Toole, Brigitte Nielsen.

MEET THE GERMANS

Wie sind wir so?
Wir haben diejenigen gefragt, die sich
mit uns am besten auskennen:
die Auslandskorrespondenten der
internationalen Zeitungen

Alison Smale (USA)
The New York Times

Wenn Sie im eigenen Land gefragt werden: „Wie ist es, in Deutschland zu leben?" – was antworten Sie?
Deutschland ist ein wohlhabendes, gut organisiertes Land – „safe and sound" würde man auf Englisch sagen. Die Kehrseite des fehlenden Chaos ist, dass es auch ein bisschen gesetzt und langweilig sein kann.

Wann haben Sie zum letzten Mal gesagt: „Das ist so deutsch!"?
Vor ungefähr acht Tagen, als ein Beamter mir erklärte, dass Daten über einen verdächtigen Jugendlichen in ein Computersystem der Polizei eingespeist worden seien, aber nicht weiterverfolgt wurden, weil zwar ein elektronischer Hinweis erfolgte, aber die schriftliche, papierne Akte nicht erstellt worden sei. Deutschland ist noch nicht ganz im digitalen Zeitalter angekommen.

Deutsches Lieblingswort?
Wehmut. Erstens, weil es so onomatopoetisch ist – die Lautmalerei ist perfekt. Zweitens, weil die Deutschen es häufig wirklich zu erleben scheinen. Drittens, weil es so viel akkurater ist als „Melancholie".

Etwas, das sich nur in Deutschland abspielen kann?
Eine kilometerweit leere Straße rechts und links von einer roten Fußgängerampel, die artig von allen deutschen Fußgängern beachtet wird. Das Gegenteil ist eine zweispurige Autobahn, bei der man nur die Wahl hat, mit 80 km/h auf der rechten Spur vor sich hin zu tuckern, oder auf der linken Spur bei 180 km/h sein Leben zu riskieren.

Welche deutschen Gepflogenheiten haben Sie selbst mittlerweile übernommen?
Ich würde gern sagen „Pünktlichkeit", aber es bleibt vorerst ein Ziel.

Eine Sache, bei der die Deutschen nicht so unglaublich deutsch sein sollten?
Die angestrebte Perfektion in der Verwaltung – es führt nur zu chaotischem Hin und Her. Außerdem: die Angewohnheit, zwei Monate vorher zum Abendessen einzuladen – Ausländer haben es bis dahin wieder vergessen. Und: das Abheften von Papieren – wir haben das digitale Zeitalter erreicht.

Dinge, die Ihnen immer noch ein Rätsel sind?
Viele Faszinationen wie *Tatort*, Helene Fischer oder Fanmeilen sind mir relativ verständlich, mit Ausnahme vielleicht von Til Schweiger, dessen ständige Präsenz in der *Gala* sich mir nicht erschließt. Was mir ein völliges Rätsel bleibt, ist die Angewohnheit, eine jahrzehntealte, pseudo-britische Comedy am Silvesterabend zu gucken.

Ein typischer Dresscode unter Deutschen?
Nicht besonders stylish oder lebendig. Der Schnitt und die Farbe der italienischen oder französischen Garderobe fehlen. Britischer Stil erscheint vielen Deutschen zu exzentrisch und amerikanischer entweder zu casual oder zu gewagt.

Regionale Spezialität: Til Schweiger.

Melissa Drier (USA)
Women's Wear Daily

Wenn Sie im eigenen Land gefragt werden: „Wie ist es, in Deutschland zu leben?" – was antworten Sie?
Ich weise darauf hin, dass ich in Berlin lebe, was etwas völlig anderes ist als Deutschland per se – etwa auf dem Land in Brandenburg, wo ich in meinem roten Haus so viel Zeit wie möglich verbringe. Ich komme mit beidem zurecht, obwohl ich auf lange Sicht Probleme sehe. Aber wo gibt es die nicht heutzutage?

Wann haben Sie zum letzten Mal gesagt: „Das ist so deutsch!"?
Als ich mich wegen der Banalität der Damenmode in diversen führenden deutschen Kaufhäusern und Shoppingcentern zu Tode gelangweilt habe – diesmal übrigens nicht in Berlin. Ja, meistens benutze ich diesen Ausdruck, wenn ich gelangweilt bin.

Deutsches Lieblingswort?
Handschuhe. Sehr anschaulich – und erinnert mich an die Werbung aus meiner Jugend: „Let your fingers do the walking in the Yellow Pages."

Etwas, das sich nur in Deutschland abspielen kann?
Ich habe es noch nicht selbst erlebt, aber was ich davon höre: Kehrwoche!

Welche deutschen Gepflogenheiten haben Sie selbst mittlerweile übernommen?
Bier trinken. Als ich noch in den USA lebte, mochte ich es nicht besonders, aber damals gab es noch keine große Auswahl an importierten Bieren, und das amerikanische Gebräu war ziemlich scheußlich.

Eine Sache, bei der die Deutschen nicht so unglaublich deutsch sein sollten?
Ihre Autos.

Dinge, die Ihnen immer noch ein Rätsel sind?
Die Popularität von Männerfrisuren mit ausrasiertem Nacken bei Frauen, sobald sie die 50 überschritten haben – ganz egal welcher sozialen Schicht, Region oder sexuellen Orientierung. Ich bin selbst nicht ultrafeminin, aber dieser Look steht wirklich niemandem.

Ein typischer Dresscode unter Deutschen?
„Ist mir wurscht" kombiniert mit dem unvermeidlichen Schal.

Vater, Mutter, Kind, Auto.

María-Paz López (Spanien)
La Vanguardia

Wenn Sie im eigenen Land gefragt werden: „Wie ist es, in Deutschland zu leben?" – was antworten Sie?
Wir Südeuropäer neigen dazu, die deutsche Ordnung, Organisation und Zeitplanung zu preisen. Dafür beschweren wir uns gern übers Essen – seien wir ehrlich, die deutsche Küche kann in keinster Weise mit der spanischen, italienischen, portugiesischen oder griechischen Küche mithalten. Wir jammern außerdem ständig übers Wetter. Ich vermisse hier die Sonne, und da können die Deutschen natürlich nichts dagegen tun. Beim Essen allerdings könnten sie sehr wohl etwas ändern …

Wann haben Sie zum letzten Mal gesagt: „Das ist so deutsch!"?
Jedes Mal, wenn in einer Gruppe jeder einzeln für seinen Kaffee bezahlt, ganz egal unter welchen Umständen.

Deutsches Lieblingswort?
Genau! Ein sehr hilfreiches Wort für Ausländer. Es passt eigentlich immer, wenn man nicht weiß, was man sagen soll.

Etwas, das sich nur in Deutschland abspielen kann?
Eine kalte Wurst, ohne Brötchen, mit den Fingern essen. Ein Schock für mich, als ich es das erste Mal gesehen habe, und ich muss gestehen, dass ich mich noch immer nicht an den Anblick gewöhnt habe.

Welche deutschen Gepflogenheiten haben Sie selbst mittlerweile übernommen?
Die Schuhe auszuziehen, wenn ich zu jemandem nach Hause komme. Selbst in Wohnungen, die schmutziger als die Straße waren, wurde ich darum gebeten. Mittlerweile mag ich diese Sitte aber, es zeigt Respekt für den Gastgeber. Jetzt machen mein Mann, meine neunjährige Tochter und ich das auch in Barcelona, und unsere Familien schauen uns jedes Mal überrascht an. Wir haben außerdem den Adventskalender übernommen – so eine schöne Tradition!

Eine Sache, bei der die Deutschen nicht so unglaublich deutsch sein sollten?
An der roten Fußgängerampel warten, obwohl weit und breit kein Auto in Sicht ist – und zwar nachts um eins.

Dinge, die Ihnen immer noch ein Rätsel sind?
Das Phänomen *Tatort*. Unglaublich, wie lange er im Fernsehen überlebt hat. Eine großartige Serie, sehr gut produziert und gespielt.
Auch wie die Leute beim Karneval in Köln plötzlich ihr ganzes Verhalten ändern und komplett durchdrehen, ist mir immer noch ein Rätsel. Vielleicht verstehen das die Brasilianer besser.

Ein typischer Dresscode unter Deutschen?
Wenn es Winter wird, sieht man in Berlin überall Menschen mit Schals. Einige sind sehr stylish, manche sogar äußerst elegant.

Aus der Fernsehserie Drei Damen vom Grill.

Danilo Taino (Italien)
Corriere della Sera

Wenn Sie im eigenen Land gefragt werden: „Wie ist es, in Deutschland zu leben?" – was antworten Sie?
Es lebt sich gut. Es ist das demokratischste Land in Kontinentaleuropa. Es ist ein freies Land. Es ist ein durchschnittlich gebildetes Land. Einige Deutsche sind besserwisserisch. Die Lebensziele der Deutschen sind nicht vollkommen andere als die der Italiener.

Wann haben Sie zum letzten Mal gesagt: „Das ist so deutsch!"?
Heute, als ich einen anderen Journalisten gesehen habe, der ein schwarzes Jackett, eine schwarze Hose, ein schwarzes Hemd mit einer schwarzen Krawatte getragen hat. Oder gestern Nachmittag, als ich wieder bemerkte, dass die Deutschen zu jeder Zeit essen.

Deutsches Lieblingswort?
Schuld.

Etwas, das sich nur in Deutschland abspielen kann?
Jemand mit Dreadlocks, der die verkehrsfreie Kreuzung nicht überquert, wenn die Fußgängerampel Rot zeigt.

Welche deutschen Gepflogenheiten haben Sie selbst mittlerweile übernommen?
An der roten Fußgängerampel warten.

Eine Sache, bei der die Deutschen nicht so unglaublich deutsch sein sollten?
Die Deutschen sollten nicht so schwäbisch sein.

Dinge, die Ihnen immer noch ein Rätsel sind?
Die Faszination für den sonntäglichen *Tatort*.

Ein typischer Dresscode unter Deutschen?
Siehe oben: ganz in Schwarz.

Verkehrserziehung.

Kate Connolly (Großbritannien)
The Guardian

Wenn Sie im eigenen Land gefragt werden: „Wie ist es, in Deutschland zu leben?" – was antworten Sie?
In Deutschland sollte man davon ausgehen, dass Dinge verboten sind – außer sie sind ausdrücklich erlaubt. (Während man in England davon ausgeht, dass sie erlaubt sind – außer sie sind ausdrücklich verboten.) Die Deutschen halten Kultur für sehr wichtig, interessieren sich stark für Politik und sind ausgesprochen treu. Außerdem geben sie ihren Kindern große Freiheiten, z. B. alleine zur Schule zu laufen. Oft nehmen sich die Deutschen aber ein bisschen zu ernst. Es fällt ihnen schwer, Dinge im Alltag lustig zu finden, wohingegen U-Bahn-Ausfälle oder andere Schwierigkeiten schnell den schwarzen Humor der Leute zu Tage fördern.

Wann haben Sie zum letzten Mal gesagt: „Das ist so deutsch!"?
Als meine chemische Reinigung mir mein Seidenkleid nicht zurückgeben wollte, weil ich den Abholzettel nicht mehr finden konnte. Die Frau zitierte mir den Gesetzesparagraphen, wonach sie das ausdrücklich nicht müsse. Wir kennen uns seit ein paar Jahren … Ich habe ihr mein Kleid genau beschrieben. Trotzdem, Gesetz ist Gesetz, meinte sie ganz lehrerhaft zu mir. Daraufhin habe ich ein Foto von mir gefunden, wo ich das Kleid – ein einzigartiges Stück – trug. Sie wollte sich trotzdem nicht bewegen lassen. Bis ihr am nächsten Tag auffiel, dass der Zettel noch an der Kasse lag – ich hatte ihn beim Abgeben gar nicht mitgenommen. Als ich ihr sagte, wie erleichtert ich sei (ich liebe dieses Kleid!) und wie schlecht ich deswegen geschlafen hatte in der Nacht davor, antwortete sie mir: „Das tut mir aber leid." Wir sind in Freundschaft auseinandergegangen. Zu Hause habe ich zu meinem Mann gesagt: „Typisch Deutsch." Das ist eine Lieblingsfloskel von mir.

Deutsches Lieblingswort?
Wo soll ich bloß anfangen? Nacktschnecke, Schmusekatze, Schadenfreude, Techtelmechtel, Chuzpe, Fisimatenten, fremdschämen, widersprüchlich (benutze ich sehr häufig), wirbelig, eigentlich, wuchtig sowie das Suffix „-mäßig", weil man es leicht mit anderen Wörtern verknüpfen kann: herbstmäßig, gefühlsmäßig, essensmäßig. Das gleiche gilt für „-technisch".
Und Rindfleischetikettierungsüberwachungsaufgabenübertragungsgesetz – wobei, das gibt es leider offiziell nicht mehr. Aber es ist für mich das beste Beispiel für die tollen Wortkonstruktionen, die es im Deutschen gibt. Ich lerne mindestens ein neues Wort pro Woche.

Etwas, das sich nur in Deutschland abspielen kann?
Einiges! Du guckst aus deinem Arbeitszimmer und siehst auf dem Nachbardach einen Schornsteinfeger wie aus *Oliver Twist* von Charles Dickens.
Dass es ein Gerichtsverfahren geben kann, das darauf basiert, ob ein Mieter im Stehen pinkeln kann oder nur im Sitzen pinkeln darf.
Der Wirbel um die PKW-Maut; Steuerberater werden in Deutschland weiterhin keine Sorge um ihren Job haben.
Wenn Cocktailfahnen oder Schildchen in Hundekacke gesteckt werden, um Hundebesitzer (falls sie die gleiche Route noch mal gehen) zu ermahnen.

Und folgende Szene, diesen Sommer an der Ostsee: Zwei pensionierte FKK-Paare, die versuchen, gemeinsam eine Strandmuschel zusammenzufalten und sich dabei siezen, um schließlich händeschüttelnd auseinanderzugehen.

Welche deutschen Gepflogenheiten haben Sie selbst mittlerweile übernommen?

Nur bei Grün über die Straße zu gehen. Fast immer ein Halstuch zu tragen. Recycling.

Wo ich noch unsicher bin: Welche Seite meines Körpers (vorne oder hinten) soll ich zeigen, wenn ich bei einem Konzert meinen Platz in der Reihe einnehmen möchte. Erfahrungsgemäß gucken die Deutschen die bereits Sitzenden an, während wir Briten ihnen den Rücken kehren.

Und: Welche Regeln gelten an der Supermarktkasse, wenn es darum geht, den Warentrenner aufs Band zu stellen? Soll ich das für denjenigen hinter mir machen? Oder sollten die das machen? In England macht man das immer für den Kunden hinter sich und kriegt dafür ein „Dankeschön". In Deutschland gibt es oft keine Reaktion, oder man hat das Gefühl, man habe dem Hintermann eine unfreundliche Barriere hingestellt.

Eine Sache, bei der die Deutschen nicht so unglaublich deutsch sein sollten?

Radfahrer sollten in einer Stadt wie Berlin, wo es viele Touristen gibt, den Leuten mehr Empathie entgegenbringen. Manche haben mit Radwegen keine Erfahrung, weil sie aus einem Land kommen (z. B. Großbritannien), in dem kaum welche existieren.

Man kann fast zu Tode geradelt werden. Und die Deutschen sollten mehr über sich selber lachen.

Dinge, die Ihnen immer noch ein Rätsel sind?

Da fällt mir wieder einiges ein. Dieses Katzenklo-Lied von … (habe ich vergessen) so toll zu finden.

Bei Temperaturen von 30 Grad plus die Fenster in der S-Bahn oder anderswo schließen zu wollen, weil „es zieht". Ich war einmal in der Alhambra in Spanien, eine Gruppe deutscher Touristen ging an mir vorbei, und statt zu sagen, wie unheimlich schön es ist, kam die Bemerkung: „Es zieht."

Kreislaufprobleme – davon habe ich nie gehört, bevor ich nach Deutschland kam.

Die Pfandflasche.

Toiletten mit einer Stufe, damit man sehen kann, was man hinterlassen hat.

Ein typischer Dresscode unter Deutschen?

Immer ein Halstuch zu tragen. Eigentlich gibt es aber keinen typischen Dresscode, da große Unterschiede etwa zwischen Münchnern und Berlinern und Hamburgern zu erkennen sind. Was mir auffällt: Bei wichtigen Männertreffen (z. B. Münchner Sicherheitskonferenz) ist es scheinbar wichtig, einen „Teint" zu haben, egal wie künstlich er aussieht.

NEW YORK, 1985

Glanz und Gloria

Ich lernte Gloria in den Achtzigern kurz nach ihrer Hochzeit mit Johannes von Thurn und Taxis kennen, auf der Couture-Ausstellung in Paris mit São Schlumberger, der großen Kunstsammlerin – Ölgeld aus Amerika. Damals wirkte sie noch sehr brav mit ihrem braunen Pagenkopf und dem Schulmädchenlook, diesen Strickpullovern mit Raglanärmel. Es war schon die Zeit nach dem Studio 54, das 1980 ja seine Türen hatte schließen müssen, weil die Besitzer Steve Rubell und Ian Schrager wegen Steuerhinterziehung in den Knast gewandert waren. Als Gloria 1983 – da war sie gerade mal 23 – nach New York kam, war das Palladium auf der 14. Straße dann der Hotspot.

Es war riesig. Ich gab Johannes und ihr zu Ehren ein großes Willkommensdinner dort – zu dem beide mit fürstlicher Verspätung von eineinhalb Stunden erschienen! Pat Buckley, eine der Grandes Dames von New York, war außer sich vor Wut und tobte: „Es ist mir ganz egal, was für einen verdammten Titel diese Deutschen tragen, wir setzen uns jetzt!"

Kaum aßen wir, kamen sie rein, und Gloria trug diese Punk-Frisur auf ihrem Kopf, in grellen Farben angesprüht. Wie ein explodierter Papagei. Dazu trug sie dieses metallene Paco-Rabanne-Kleid und um ihren Hals die schweren Kronjuwelen der Fürstenfamilie Thurn und Taxis. Ich hatte etwa 120 bis 150 Gäste geladen. Bill Blass, der Modedesigner, war ihr Tischherr, Calvin Klein war gekommen, Carolina Herrera, und alle starrten sie an, als wollten sie sagen: Hilfe, was kommt denn da?

Nach dem Dinner gingen wir in die Disco, wo Gloria auf einen Lautsprecher kletterte und anfing, wild zu tanzen. Irgendwann war das Eis gebrochen und alle angesteckt von ihrem impulsiven Charme, der ja auch wahnsinnig erfrischend war.

Das Konventionelle kannte man, das funktionierte seit Hunderten von Jahren. Das hätte sie natürlich auch genauso bedienen können, weil sie es von ihrer Erziehung her beherrschte. Aber gerade das Unkonventionelle an ihr war ja viel spannender; das, was sich aus diesem Kontrast von großem klassischem Namen und ihrem Gespür für Auftritte und Provokation nährte.

Ich kann mich noch gut an Johannes' 60. Geburtstag in Schloss St. Emmeram erinnern: Das Motto war „Don Giovanni", und alle 500 Gäste erschienen kostümiert mit weißen Perücken, in Gewändern im Stil des 18. Jahrhunderts. Gloria schwebte in einer atemberaubenden Couture-Robe mit einer Kette von Marie-Antoinette auf einer Wolke ein, die von der Decke heruntergelassen wurde. Dabei sang sie dieses Lied von Marlene Dietrich, „Johnny, wenn Du Geburtstag hast". Alle sind ausgerastet.

Genau darin zeigt sich bis heute ihr Stil: Gloria ist in gewisser Weise sehr deutsch, schon mit ihrem Akzent hat sie nie ein Geheimnis aus ihrer Herkunft gemacht. Gleichzeitig hat sie eine spielerische Leichtigkeit, Sinn für Humor und die Energie einer Rockband – alles Charaktereigenschaften, die man nicht unbedingt mit Deutschsein assoziiert. Schon gar nicht war es typisch aristokratisch. Mit ihrer Art hat sie manche düpiert, das waren dann aber auch verlässlich die Langweiler. Uns andere hat sie inspiriert.

Bob Colacello leitete in den Siebzigern Andy Warhols Magazin Interview. *Der heutige* Vanity Fair-*Journalist schrieb Bücher wie* Holy Terror: Andy Warhol Close Up *oder* Ronnie and Nancy: Their Path to the White House.

Aufgezeichnet von Dagmar von Taube.

9

ZU TISCH

*Das Lieblingsessen der Deutschen ist immer noch
Pizza und Spaghetti Bolognese.*

INTERVIEW MIT GASTRONOM BORIS RADCZUN

Franzosen und Engländer sind leichter zufriedenzustellen als Berliner und Amerikaner.
Ein Gespräch über deutsches Essen und Deutsche beim Essen

Boris Radczun und Stephan Landwehr sind das erfolgreichste Gastronomen-Gespann Berlins: 2007 eröffneten sie das Grill Royal, das aus dem Stand zur Kantine des Kunst- und Szenebetriebs avancierte. Es folgten das Sternerestaurant Pauly Saal, das Dóttir mit nordischer Küche und Le Petit Royal im Westen der Stadt. Mit ihrem Partner Moritz Estermann haben sie mittlerweile auch das Einstein Unter den Linden übernommen und eröffnen in den Räumen des ehemaligen Edd's ein Thai-Restaurant.

Taucht auf einer Ihrer Speisekarten noch das Wort „Sättigungsbeilage" auf?
Boris Radczun: Nein, eine Sättigungsbeilage habe ich zuletzt im Magdeburger Ratskeller gegessen. Aber geschmeckt hat sie nicht und satt gemacht auch nicht.

Theoretisch ist das eine sehr funktionale, zweckmäßige Beschreibung von Essen.
Das war zu manchen Zeiten in der deutschen Geschichte ja auch besonders wichtig. Etwa als Berlin noch ein großer Industriestandort war, da lebten hier viele Arbeiter, die verhältnismäßig arm waren und

schwere, körperliche Arbeit leisteten. Die mussten vor allem satt werden, schnell Fett und Kohlenhydrate aufnehmen.

Gern mit Buletten. Wenn es um Berliner Spezialitäten geht, werden die meist als Erstes genannt.
Klar, Buletten, Eisbein, das ist hier erfunden worden. Für ein Proletariat, das es heute ja so gar nicht mehr gibt. Die Kinder, die hier groß werden, brauchen diese Ernährung mit Sicherheit nicht.

Womit werden Kinder in Deutschland heute groß?
Mit Nudeln und asiatischem Essen, nehme ich an. In Berlin-Mitte ist Thailändisch und Vietnamesisch unglaublich stark vertreten, aber in anderen Stadtteilen sieht das sicher wieder anders aus. Und Burger sind gerade überall. Das gab's bei uns früher nie.

Mit welchen Gerichten sind Sie aufgewachsen?
Das waren die frühen Siebziger, da war alles noch etwas spießiger. Es wurde richtig gekocht, Vorspeise, Hauptgang mit Fleisch, Gemüse, Kartoffeln. Reis gab es nie. Alles in allem war das eine sehr klassische, mitteldeutsche Küche. Ich bin im Rheinland aufgewachsen, der Sauerbraten war bei uns also eher

Boris Radczun in seinem Restaurant Petit Royal.

Fleischbeschau im Grill Royal.

süß-säuerlich. Mein Vater dagegen kam aus Leipzig, insofern gab es zu Hause auch Königsberger Klopse. Mein Geschäftspartner Stephan Landwehr ist noch mit Gemüse in Mehlschwitze, Schwarzwurzeln in Mehl gebunden, und solchen Sachen gequält worden.

Solche Gerichte haben nicht unbedingt zum guten Ruf der deutschen Küche beigetragen.
Aber wenn es um den schlechten Ruf geht, darf man nicht vergessen: Durch zwei Weltkriege haben wir eine ganze Riege von Spitzenköchen verloren. Nach den Hungerwintern 1946 und 1948 waren die Sehnsüchte der Heimkehrer in den Fünfzigerjahren so verschoben – da erschien alles Neue prinzipiell gut. Die alten Traditionen wurden über Bord geworfen, alles anders gemacht. Es entstand eine neue Form von Küche, die schon ganz viel von Convenience hatte. Darüber sind die alten Gerichte aus der Zeit vor der Jahrhundertwende bis in die Dreißigerjahre natürlich in Vergessenheit geraten. In den Siebzigern gab es ganz wenige Restaurants, die traditionelles, gut gemachtes deutsches Essen serviert haben.

Zu Hause gab es dafür: Toast Hawaii.
Und Jägerschnitzel! Zigeunerschnitzel! Das sind die Sachen, die die Leute damals massiv gegessen haben. Ketchup gemischt mit eingelegter Paprika …

… Fusion Food, bevor es das Wort gab.
Nicht zu vergessen: „Putenmedaillons Maharadscha" mit Dosenananas und Currypulver, das war der exotische Touch für die Frau. Das hat eben genau dort eingeschlagen, wo es vorher viel Industrie gegeben hatte, wo also alle im Krieg eingezogen worden waren. In Baden-Württemberg oder Bayern, in ländlichen Gegenden, wurde weitergekocht wie bisher. Deshalb gibt es dort jetzt noch immer gute alte deutsche Küche.

Sie haben in Ihren Restaurants viele internationale Gäste. Wollen die häufig essen, „was man hier normalerweise so isst"?
Kommt auf das Restaurant an. Der Gast im Grill will nicht unbedingt etwas Deutsches haben, sondern freut sich über ein deutsches Produkt innerhalb eines internationalen Angebots. Im Pauly Saal wollen die Leute deutsches Essen – aber es darf gern supermodern zubereitet sein. Im Einstein soll es schon etwas typisch Deutsches sein, was eigentlich Österreichisch ist, aber das gehört für die meisten irgendwie zusammen, vor allem für die Gäste aus Asien oder Amerika. Das ist ja auch gar nicht schlimm.

Sie haben einmal gesagt, das Grill Royal sei eigentlich auch ein traditionelles Berliner Restaurant. Inwiefern?
Die Speisekarte vom Grill ist im Grunde nicht deutlich anders als die des Grill Rooms im Adlon von 1907. Da gab es auch ein Entrecote mit grünen Bohnen und Kartoffeln oder Hummer-Bisque. Richtig neu ist Ceviche, der Rest ist im Grunde: very, very alt, jedenfalls was Grill-Room-Klassik angeht. Da war Berlin damals sehr weit; schon vor dem Zweiten Weltkrieg war die Stadt für spektakuläre Restaurants bekannt, größer als in London oder New York. Das Haus Vaterland am Potsdamer Platz beispielsweise mit 600 bis 800 Plätzen, jeden Tag dreimal besetzt – so etwas hat es in anderen Städten gar nicht gegeben.

„Promimäßig läuft nicht viel in Berlin", schrieb die
New York Times einmal, „aber alle, die es geschafft
haben, treffen sich im Grill Royal: amerikanische
Filmstars, skandinavische Schriftsteller,
Deutschlands politische Elite."

„Berlin war schon vor dem Zweiten Weltkrieg für spektakuläre Restaurants bekannt. Das Haus Vaterland am Potsdamer Platz mit 600 bis 800 Plätzen, jeden Tag dreimal besetzt – so etwas hat es in anderen Städten gar nicht gegeben."

Königsberger Klopse.

Heinrich Lohse:

„Ich habe uns was Warmes gemacht."

Dieter Lohse:

„Was ist denn das?"

Heinrich Lohse:

„Königsberger Klopse aus der Dose.
Königsberg war die Hauptstadt von ..."

Dieter Lohse:

„Weiß ich!"

– Loriot, Pappa ante Portas

*Mach dich vom Acker, Linda!
Die Türken nennen die Deutschen
gern „Kartoffeln". Überflüssig zu
erwähnen, woher der Spitzname
kommt. Dabei haben die Deutschen
die Knolle weder entdeckt (sie stammt
aus Südamerika), noch essen sie
mittlerweile mehr davon als andere
(führend sind die Polen, Esten und
Belgier). Natürlich sind wir trotzdem
nach wie vor eine große Kartoffel-
nation. Früher war Linda die
beliebteste Sorte. Jetzt ist Belana die
meistverkaufte Kartoffel in Deutschland. Stabil, festkochend, lagerfähig,
schön gelb, flache Augen – kurzum:
eine robuste Allzweckkartoffel.*

SCHNITTCHEN, HÄPPCHEN, CANAPÉ

Dem Schicksal ein Schnittchen schneiden.
Was ist dran, was ist drauf?

Über das deutsche Schnittchen wird gern die Nase gerümpft. Teils aus einem gewissen Snobismus, teils aus verständlichem Überdruss, gab es doch lange kaum einen Empfang, bei dem nicht die gleichen Industrie-Weißbrotschnitten mit dem immer gleichen Belag angeboten wurden. Die Wenigsten können sich erinnern oder vorstellen, dass diese Schnittchen ursprünglich mal einen Hauch von Luxus versprühten – im Wirtschaftswunderdeutschland wollte man seinen Gästen auf einer Party abwechslungsreiche, praktische und sättigende Kleinigkeiten anbieten, am besten auf dem Silbertablett serviert.

Canapé klingt natürlich schicker, obwohl es im Französischen wörtlich ja nichts anderes als „Sofa" bedeutet, weil der Belag auf den Brotscheiben wie auf einem Sofa sitzt. Es ist aber eben nicht dasselbe, der Unterschied ist die Basis: Canapés basieren auf einfach belegtem Baguette, Schnittchen auf geschnittenem Brot. Ich habe Tausende davon zubereitet, als Jugendlicher im Tanzlokal meiner Eltern in Oberfranken, wo ich mir am Wochenende ein paar Mark dazuverdiente. Damals wurde nicht experimentiert. Wir boten fränkisches Bauernbrot mit verschiedenen Wurst- und Käsesorten belegt und mit Gewürzgurken verziert an. Damit haben wir voll gepunktet.

Aber in dieser Form und Benennung wird das Schnittchen, jedenfalls im gehobenen Catering, kaum mehr eingesetzt – auch wenn es sich in Hipster-Kreisen in der Neuinterpretation mit „besten Bio-Zutaten aus der Region" wieder einer gewissen Beliebtheit erfreut.

Insgesamt hat sich das Schnittchen heute zum „Aperitif-Häppchen" oder „Appetizer" weiterentwickelt, der die gleiche Funktion erfüllt („one bite size", den ersten Hunger nehmen, aber noch nicht sättigen), aber viel ausgefallener, individueller und vor allem leichter daherkommt. Das Brot spielt dabei eine immer unwichtigere Rolle. Die Kunden schätzen zwar die Eigenschaften des Schnittchens, wollen aber nicht mehr unbedingt alles „aufs Brot geschmiert bekommen" – etwa Kohlenhydrate, Weizen etc. Deshalb servieren wir heute eher Häppchen wie Kalbsbries mit Topinamburpüree und Fichtensprossen, dazu flüssiges Karamell, oder vegane Meerrettich-Macarons mit grünem Apfel und Wacholder.

Am „Fernsehteller" im Schumann's wird das alles natürlich nichts ändern. Geschnittenes Brot mit Käse und Schinken zum Drink anzubieten, das war eine klasse Idee von Charles Schumann, genauso wie die Sardinen in der Dose. Mein Favorit bei ihm ist aber ganz klar das Roastbeef mit Bratkartoffeln.

Ulrich Dahlmann gründete 2007 sein Unternehmen Dahlmann Catering in München. Seine Kunden kommen aus Fashion, High Jewellery, Automobilindustrie, Verlagswesen oder dem privaten Bereich.

10
UNTERWEGS

Große Freiheit.

1a
Bürgerau

Haben wir auch alles?

LA DEUTSCHE VITA

Ob Italien oder Spanien – Hauptsache weg.
Kaum jemand reist so viel wie die Deutschen, kaum jemand hat sich seinen Urlaub so redlich verdient.

von Silke Wichert

Auf die harte Tour, so ging es schon los: Draußen war es noch stockdunkel, aber die Brote längst geschmiert, das Auto vollgepackt bis unter den Fahrzeughimmel. Nur die letzte Tasche und das Schlauchboot wollten nicht hineinpassen, weshalb die Eltern entnervt wieder von vorn mit dem hochkomplexen Kofferraum-Tetris anfangen mussten. Derweil saßen die Kinder, aus dem Tiefschlaf gerissen, frierend auf der Rückbank und starrten mit dem Scheinwerferlicht reglos in die Dunkelheit hinein.

Dann endlich setzte sich das Auto in Bewegung. Durch die Nacht, in das Morgengrauen hinein, bis zum Brenner. Als Kind hat man nie wirklich verstanden, was es damit auf sich hatte, aber es klang irgendwie brenzlig, und das war der Brenner ja im Grunde auch. Nur wer es ohne größere Staus über den Pass schaffte, hatte die erste Hürde erfolgreich genommen, die anderen ausgetrickst, der war ab jetzt auf der Siegerstraße unterwegs. Dann konnte der Urlaub kommen. Und wer ihn bis dahin noch nicht dringend brauchte – nun auf jeden Fall.

Ferien, wie ein Großteil der Generation Golf I–IV sie erlebte, das war erst in zweiter Linie Spaß und Erholung, und erst einmal: ein gutes Stück Arbeit. In der Planung, in der Durchführung und natürlich im Abschluss. In Gerhard Polts legendärer Satire *Man spricht deutsh* ist die anstehende Rückfahrt der Familie Löffler von Italien nach Bayern das Leitmotiv des Films. Die anderen deutschen Urlauber erkundigen sich ganz selbstverständlich der Reihe nach, wann gefahren wird, welche Strecke der Fahrer zu nehmen gedenkt, fachsimpeln über Alternativen, reichen die Stauvorschau weiter, hören gemeinsam Verkehrsfunk. Ein Urlauber muss eben tun, was ein Urlauber tun muss: Er muss irgendwann wieder nach Hause. Und das möglichst schnell.

Natürlich fahren längst nicht mehr alle Deutschen mit dem Auto in die Ferien. Fast genauso häufig steigen wir mittlerweile ins Flugzeug. So richtig entspannt sind wir trotzdem noch nicht unterwegs. „Urlauben" – das ist schließlich ein Tätigkeitswort in der deutschen Sprache. Womöglich können wir also gar nicht anders, als die Sache tatkräftig anzugehen, was aktuell so viel heißt wie: möglichst viele Vergleichsportale checken, Equipment aufrüsten, 7-Tage-Wettertrend beobachten.

Vielleicht ist sogar das frühmorgendliche Platzieren von Handtüchern auf Sonnenliegen und das Anstehen um Punkt 18 Uhr am Hotelbuffet letztlich diesem definierten Aktionismus geschuldet.

Linguistisch ebenfalls interessant: das berühmte deutsche „Fernweh" und die ungestillte „Wanderlust". Beides Begriffe, für die es in den meisten anderen Sprachen kein richtiges Äquivalent gibt. Offensichtlich sind wir eine Nation, die es permanent wegzieht, wenn auch nur temporär.

Lange Zeit waren „the Germans" die ewigen Reiseweltmeister, bis uns die Chinesen, Norweger, Italiener überholten. Natürlich liegen wir noch immer ziemlich weit vorne, vor allem bei der Urlaubskasse. Allein 2016 gaben die Deutschen laut Statistischem Bundesamt über 70 Milliarden Euro aus, knapp 2500 Euro pro Sommertrip. Tourismus ist ein Wohlstandssport, auch deshalb sind die Deutschen traditionell gut darin. Allerdings gibt es viel, worauf sie in Krisenzeiten verzichten würden – auf ihre Ferienreise eher nicht. Gespart wird höchstens im, aber nicht am Urlaub.

„Nix wie weg!" ist nicht nur ein Slogan von L'Tur – es beschreibt auch ein Stück weit die deutsche Seele, wobei nicht alle Nachfahren exakt auf den Trampelpfaden der „great German explorer" wie Goethe, Alexander von Humboldt oder Hermann Hesse wandern. Jahr für Jahr wird in den Reisebarometern Deutschland zum Urlaubsziel Nummer eins gekürt, weil knapp ein Drittel hierzulande seine Ferien verbringt. Unerwähnt bleibt dann meist, dass in Spanien oder Italien fast Dreiviertel der Bevölkerung für ihren Urlaub nicht die eigenen Landesgrenzen verlassen, was viel – aber womöglich nicht nur – mit den Zitronen zu tun hat, die dort blüh'n.

Anthropologen sehen die deutsche Vielreiserei vor allem als Eskapismus. Die Leute flüchteten vor dem deutschen Alltag, der mit seiner Organisiertheit, Präzision und seinem Regelwerk so zivilisiert wie mitunter beklemmend sei. Die Deutschen leben gut und gern im straffen Korsett, nur gelegentlich müssen sie halt mal raus.

Wenn sie dann wie entfesselt in ihre Lieblings-Auslandsziele Spanien oder Italien reisen, sehnen sie sich vordergründig nach karierten Deckchen und bastumwickelten Karaffen, insgeheim aber auch ein bisschen nach weniger Regeln und mehr mediterraner Leichtigkeit. Dolce Vita statt deutsche Vita! Aber wehe, es tritt tatsächlich ein. Dann sitzt der deutsche Tourist schwitzend in seinem Mietauto und schimpft über den unorthodoxen südlichen Fahrstil, versteht nicht, warum kein Kellner ihm eine fertig gemischte „Appleschorl" bringen will, und wundert sich über die um Mitternacht leidenschaftlich streitenden Nachbarn. „Also bei uns …" gehört womöglich zu den außer Landes meistgesagten Satzanfängen.

Dabei würden wir uns doch so gern locker machen. Laut Umfragen stehen „Entspannung" und „Zeit mit der Familie" für die Deutschen im Mittelpunkt. Der klassische Badeurlaub ist immer noch die beliebteste Variante. Den Rest des Jahres arbeiten wir schließlich ständig, was jeder weiß, weil der Diskurs darüber ebenfalls das ganze Jahr die Büros und Kneipen beherrscht. Dass dies vor allem der eigene Eindruck ist, während die deutschen Arbeitnehmer laut einer OECD-Studie im Vergleich zu anderen Ländern sogar deutlich weniger arbeiten – egal. Wir sind urlaubsreif! Deshalb haben wir im Vergleich ja auch ein bisschen mehr davon als andere. Nicht auszudenken, was in Venedig los wäre, wenn Chinesen sechs statt ihrer durchschnittlich zwei freien Wochen pro Jahr hätten.

Wer sich seinen Urlaub gefühlt so sehr verdient hat, will das Maximale aus ihm herausholen. Kein Wunder, dass die Pauschalreise bei den Deutschen mit deutlich über 40 Prozent Marktanteil weiterhin so beliebt ist. Die Idee der vermeintlich günstigeren Komplettpakete könnte glatt von uns stammen. Erfunden hat die „Package Tours" jedoch der Engländer Thomas Cook. Überhaupt müssen wir den Engländern sehr dankbar sein, weil sie ex negativo das Image des deutschen Reisenden hochhalten. Wer

Hart am Wind: Franz Josef Strauß, 1988.

„Anthropologen sehen die deutsche Vielreiserei vor allem als Eskapismus. Wir leben gut und gern im straffen Korsett – nur gelegentlich müssen wir halt mal raus."

jemals eine Folge der britischen Sitcom Benidorm gesehen hat, weiß um die Luft nach unten.

Und natürlich gibt es innerhalb des großen deutschen Reise-Trosses sowieso jede Menge Splittergruppen. Die überdurchschnittlich Kulturinteressierten, die sich im Urlaub gerne weiterbilden und angeblich auf dem Vormarsch sind. Dann die Ästheten, die bis vor Kurzem ins Boutiquehotel gingen, nun lieber das Designapartment über Airbnb buchen oder mit der Behomm-Community tauschen. Beides übrigens eher Touristen, die sich selbst nie als solche bezeichnen würden, und die möglichst das Weite suchen, wenn sie ihre Landsleute sehen oder hören.

Aktuell besonders im Visier der Branche: „Stefan und Petra", wie sie von Reisebuchverlagen intern genannt werden. Anspruchsvolle Kurzurlauber, die immer häufiger Städtetrips unternehmen. Stefan und Petra wollen authentische Kneipen, noch unberührte Strände, Märkte für Einheimische, bei denen sie nicht übers Ohr gehauen werden. „Insidertipps" wie in der Marco-Polo-Reihe sind gefragt und werden akribisch abgearbeitet, weil Stefan und Petra weder Zeit noch Geld zu verschwenden haben.

Aber wehe, die anderen legen sich nicht genauso ins Zeug: Autoren von Reiseführern bekommen erboste Briefe, wenn der Eintrittspreis im Museum in Wahrheit 50 Cent höher lag als angegeben oder der empfohlene Bus nur alle halbe Stunde statt alle zwanzig Minuten fuhr. Überhaupt beschwert sich niemand so leidenschaftlich und häufig im Anschluss an eine Reise wie die Deutschen. Kein Wunder eigentlich: Deutschland war die erste Nation in Europa, die das Reiserecht im Bürgerlichen Gesetzbuch verankerte.

Andererseits sind die Deutschen die treuesten Seelen, wenn sie einmal zufriedengestellt wurden. Dann kehren sie wie die Wildgänse immer zum gleichen Ort zurück. Freuen sich auf das gleiche Zimmer, den gleichen Tisch im Restaurant, den gleichen Chianti als Willkommensgeschenk. Manche nennen das langweilig, auf Nummer sicher gehen, weil man den Horizont nur noch marginal um die renovierte Eisdiele oder die neu eröffnete Saftbar erweitert. Die Wiederholungsurlauber selber sehen es eher als Liebeserklärung an einen ganz besonderen Ort, den sie für sich entdeckt haben und jedes Mal ein bisschen mehr kennenlernen. Sich wie zu Hause fühlen ist für sie eben keine Sache von nur einem Sommer. Obgleich man argumentieren könnte, dass der Sinn des Reisens gerade nicht darin besteht, sich wie zu Hause zu fühlen.

Immerhin mit unserer Kleidung wandeln wir im Urlaub häufig auf anderen Wegen, mitunter auf Abwegen. Über all diese Fußabdrücke von Trekkingsandalen werden Archäologen später einmal ratlos den Kopf schütteln. Auch in dem Dokumentarfilm *Cannibal Tours* des Australiers Dennis O'Rourke aus dem Jahr 1988 stehen die Deutschen entweder mit freiem Oberkörper auf dem Boot oder sind, nachdem sie sich beim Frühstück ausgiebig über den Cholesteringehalt von Eiern ausgetauscht haben, ganz in Beige mit Safarihut unterwegs.

Praktische Outdoor-, Aktiv- oder Schutzkleidung fällt wie Weitwinkelobjektive in die Kategorie „Ausrüstung", hier werden keine Kosten gespart. Beim Bikini oder den Bermudashorts hingegen kann es ruhig auch das Modell vom vorletzten Sommer sein, da sind wir zur Abwechslung ganz entspannt. Bisweilen passen wir uns sogar tollkühn den vermeintlichen Landessitten an. Frauen wickeln sich bunte Pareos um den Körper, setzen den Strohhut auf und lassen alle Kleiderzwänge hinter sich. Wahrscheinlich ist auch das eine ganz logische Form von Eskapismus.

OHNE ALLES

Zur Sonne, zur Freiheit: FKK wie es im Buche steht

Der Verlag hatte noch Papier übrig. Bis Jahresende musste es verwendet werden, sonst würde vom Amt für Literatur- und Verlagswesen die zugeteilte Menge reduziert. Ich schlug ein Wassersporthandbuch vor, das gab es in der DDR damals nicht. Den Verlagsleiter brachte das auf eine andere Idee: ein FKK-Reiseführer. Mit allen Badestellen, Karten, launig geschrieben und mit Fotos illustriert. Ich sagte zu. Allerdings unter der Bedingung, ein Pseudonym zu benutzen, eigentlich war ich ja seriöser Journalist.

Die „Freikörperkultur" war in den letzten Jahren an der Ostsee und an den Seen immer populärer geworden, obwohl sie offiziell nur geduldet und keineswegs erwünscht war. Die Nackten hatten sich trotzdem immer mehr Strände erobert, Verbote ignoriert, „Reservate" markiert. Selbst bei den sommerlichen Jugendtreffen in Ostberlin war FKK zum Geheimtipp neben dem offiziellen Politprogramm geworden. Von Arbeiter bis Künstler machten alle mit. Irgendwo musste man sich in diesem Land ja Freiräume suchen! Das muss auch Honecker eingesehen haben und ließ die harmlose Revolte schließlich geschehen. Eindämmen hätte er sie sowieso nicht mehr können.

Für die Recherche fuhr ich jeden See, jeden Badeplatz ab, befragte die Leute nach den besten Stellen. Wir gaben auch die öffentlichen Verkehrsmittel und „Versorgungseinrichtungen" in der Nähe an. 65 Seiten wurden es am Ende – natürlich auch mit Fotos von FKKlern, die aber nicht „zu lecker" sein durften. Die Nackte auf dem Titelbild sah aus, als käme sie gerade aus der Marx-Vorlesung.

Ich dachte an eine erste Auflage von 25 000 Stück. Der Verlag war anderer Meinung: Er peilte 100 000 an – die auf der Leipziger Buchmesse schon allesamt vorbestellt waren, bevor überhaupt nur mehr als ein Probekapitel fertig war. Am Ende wurden es 650 000 Exemplare von *Baden ohne*. FKK zwischen Mövenort und Talsperre Pöhl, ein erstaunlicher Bestseller. Ärger mit der SED gab es nur einmal, als an die Kiesgruben von Naundorf, östlich von Leipzig, am Wochenende so viele Nacktbader strömten, dass Autos einfach auf der Autobahn geparkt wurden und den Verkehr lahmlegten. Da mussten wir die Badestelle Naundorf aus der nächsten Auflage streichen.

Nach der Wende wurde das Buch eingestellt, keiner wollte mehr ein Ostheft kaufen. Aber FKK blieb natürlich Kult. Schon vorher hatte ich aus Polen, Ungarn, sogar aus Amerika Post von der Nacktbewegung dort bekommen. Nur einige verklemmte Westler beschwerten sich immer mal wieder über diesen „Ossi-Sport".

Lutz Rackow war in der DDR freier Journalist und lebt bis heute in Friedrichshagen am Müggelsee. Neben Baden ohne *erschien von ihm das Buch* Spurensicherung: 80 Jahre in deutschen Irrgärten.

„Komm geh' mit mir den Leuchtturm rauf,
wir können die Welt von oben sehn,
ein U-Boot holt uns dann hier raus,
und du bist der Kapitän." (Nena)

GERMAN HAMPTONS

Warum fahren fast nur Deutsche auf diese Insel? **Das Phänomen Sylt muss man nicht verstehen. Aber man kann.**

von Inga Griese

Alle reden immer davon, dass Sylt eine sehr deutsche Insel sei. Na ja. Das greift zu kurz. Überhaupt, und als würde dort nur Deutsch gesprochen. Man ist schließlich wer und stolz dazu. Die Sylter sind in erster Linie: Friesen. Was wahrscheinlich noch mehr ist, als Bayer sein. Schon mal aus Prinzip, und weil sie keine Mundart pflegen, sondern eine Sprache. Nicht zu verwechseln übrigens mit Plattdeutsch. Die Sylter haben zudem etwas ganz Eigenes: Söl'ring. Kurzes ö, nur angedeutetes l, rollendes r. Syltisch, zu Hochdeutsch. Auto heißt in dieser Sprache Wain. Sollte man lautmalerisch besser nicht verwechseln, ist aber beides sehr wichtig für den Insel-Mythos. Allerdings nur in Teilen eine Erklärung dafür, warum die Gäste der Sylter so deutsch sind. Oder sagen wir, deutschsprachig, wenn die Österreicher und vor allem die vielen Schweizer das nicht als Diskriminierung empfinden.

Das mit den Autos ist leicht erzählt. Welche Rolle sie im bundesbürgerlichen Selbstverständnis spielen, ist hinlänglich bekannt, und vor allem Kampen ist der Ort, an dem man seit Wirtschaftswunderzeiten fährt, was man hat (oder was auf dem Festland kurz geliehen wurde). In der Saison könnte man den Eindruck gewinnen, dass es mehr SUV als Kühe auf der Insel gibt.

In jedem Fall muss es eine heimliche Absprache geben, dass die Autozüge keine schittigen Kleinwagen in grellen Farben verladen. Die ganze Insel verwandelt sich in ein Autohaus der Luxusmarken, in jedem Ort kann man Schlitten Probe fahren. Mittlerweile auch britische Marken. Nur zusammen mit Wein ist es nicht mehr lustig. Während früher die Polizei aufpasste, dass sich keiner zu betrunken ans Steuer setzt, hat man heute den Eindruck, dass die Polizei aufpasst, dass einer betrunken am Steuer sitzt, damit man ihn zu Kasse und Lappen bitten kann.

Mit einem Buggy voller barbusiger Mädels über den Strand zu kurven, ist längst auch nüchtern nicht mehr erlaubt.

Aber vielleicht war das ja auch nur ein Jetset-Ding. Damals in den Sechzigern und Siebzigern, als alle so wild und verrückt waren und die Frauen an den Augen so himmelblau geschminkt und am Körper so natürlich attraktiv; als „unbeschwert" als „sexy" galt und alle „Promised Land" grölten und die Nächte durchtanzten, weil man ja tagsüber am Strand schlafen konnte, um noch brauner zu werden. Damals schon, ungefähr 1971, sagte Karlchen, der Intellektuelle unter den legendären Kampener Wirten: „Jetset ist wie Nordlicht. Es flackert und leuchtet und verglüht, ist eine Illusion."

Unser Nordlicht war Gunter Sachs, unser Vertreter auf dem internationalen Parkett, unser aller Playboy. Und so dachten wir natürlich auch, dass Sylt ein Jetset-Platz wäre, als Sachs mit seinen Freunden kam und großartige, freche, fantasievolle Feste feierte und alle teilhaben wollten. Im *Spiegel* stand 1966: „Nirgendwo sonst rückt der deutsche Mittelstand seiner Oberschicht so nahe, ihre Lebensgewohnheiten zu studieren, die nirgendwo sonst denen des deutschen Mittelstandes so nahekommen."

Hier bin ich der Mensch, der ich sein will. Das war das Versprechen, ist es bis heute. Unübersetzt.

Sylt ist fest in deutscher Hand. Man sollte das allerdings nicht falsch verstehen (wollen). Das ist nicht nationalistisch – auch wenn Goebbels hier auch gern urlaubte und der eine oder andere Nazi mehr einheimisch war. So wie Sylt auch nie ein RAF-Stützpunkt war, nur weil Ulrike Meinhof an Buhne 16 im Sand lag und mit den Hamburgern diskutierte. Auch nicht teutonisch im Sinne von Schildern an mallorquinischen Kneipen: „Man spricht Deutsch."

Es steckt keine Absicht, kein Vorsatz dahinter: Dass

die Friesen manchmal keinen Bock auf Fremde haben, ist klar. Aber das „Fremde" bezieht sich auf alle, die nicht von der Insel kommen. Viele Polen arbeiten hier mittlerweile, in der Küche von Herbert Secklers Sansibar wechseln sich afrikanische Clans als Personal ab, es gibt eine proportional große Zahl Flüchtlinge, die trotz allgemeiner Wohnungsengpässe freundlich integriert werden. Freundlich heißt nicht wortgewaltig; im Norden ist „Jo" ein Hauptsatz mit Subjekt, Prädikat, Objekt und Punkt.

Es gibt auch nicht zwei Währungen für die Touristen und die Einheimischen wie auf Kuba etwa. Es gibt höchstens den Unterschied zwischen Touristen und Gästen. Touris sind die, die mit dem Fünf-Mann-Ticket der Bahn mal kurz auf die Insel spülen, Gäste sind die Urlauber, und dann gibt es noch die Kategorie „Zweitwohnungsbesitzer". Für die gilt: Wenn sie nur drei Wochen im Jahr ihr schönes Haus benutzen, werden sie nur vom ganzjährig pauschal bezahlten Housekeeping und Gärtnern geschätzt. Wer auch im Januar mal da ist, gehört schon halb dazu.

Warum also ist und bleibt Sylt ein deutsches Phänomen? Ein überwiegend westdeutsches dazu? Sicher, große Filmstars waren schon da, amerikanische Botschafter, Roman Polanski hat einen Blockbuster gedreht (weil er die Hamptons-Atmosphäre brauchte, aber nicht in die USA einreisen darf). Aber generell gilt: Ausländer kennen Sylt nicht, schon gar nicht als Urlaubsdestination. Abgesehen von den Marketingleuten der internationalen Luxusmarken. Wobei viele nur den Namen von ihren Umsatztabellen kennen. Nicht, weil sie schon mal da waren.

Ungefähr 2004 hätte ein Ufo in Kampen gelandet sein können. Jedenfalls wurde mit ähnlicher Faszination darüber gesprochen, dass ein französischer Geschäftsmann ein Haus am Wattweg gekauft habe. Für seine Frau Rosalie, die mal die Lebensgefährtin

von Alain Delon war. Gott, war das aufregend. Die Ehe ging, Rosalie van Breemen blieb, manchmal kommt jetzt Alain Delon, und die Insel hat ihr Jetsetchen. Aber an manchen Tagen im Sommer ist der Parkplatz des Flughafens voll mit Privatfliegern. Nicht alle haben eine deutsche Kennung.

Doch will man anglophilen Ausländern erklären, wo man den Sommer verbringt, sagt man: „You know, an island in the North Sea. The German Hamptons. Just smaller. Same vegetation. Most expensive place in the country." Oder für Italiener: „The German Capri." Und so weiter. Selbsterklärend ist Sylt nicht. Vielleicht sind die Decken in den Friesenhäusern zu niedrig, die Bauvorschriften zu streng für eine gewisse Klientel. Wahrscheinlich ist der Wind zu stark für Styling, das Wetter zu unbeständig, das Ambiente falsch für kleine Kleidchen und hohe Sandalen. Nicht einmal auf einem Motorboot kann man ordentlich posieren. Plötzlich ist Ebbe und das Ding liegt schief im Schlick.

Susanna Agnelli, die Schwester des legendären Konzernchefs und selbst Legende in Italien, verbrachte vor ihrem Tod manchen Sommer lieber im Süderheidetal zwischen Kampen und List in einem Haus von Kieler Freunden als an der Riviera. Sie trug stets Steghosen und seidene Kosakenblusen und spazierte jeden Morgen allein an dem schmalen Strandstück am Watt entlang. Auf Sylt war die berühmte Politikerin, Briefkastentante und Erbin („Der Name ist 50 Prozent für und 50 Prozent gegen dich.") eine Frau, die über den leeren Strand wandert. Da kannte sie keiner, da lächelte sie den Wind an und freute sich über die Einsamkeit und Freiheit, in der keiner sie langweilt. Getreu ihrem Motto: „Das Einzige, was sich lohnt zu tun auf der Welt, ist das, was andere für unmöglich halten." Aber wie soll man sonst erklären, was schon so mancher Deutsche nicht versteht. Schon gar nicht, wenn er das erste Mal auf die Insel kommt, die

„Ohhh ich hab' solche Sehnsucht,
ich verliere den Verstand! Ich will wieder an die Nordsee,
ohoho, ich will zurück nach Westerland." (Die Ärzte)

weiten Wiesen und die schönen Häuser von Keitum, Archsum, Morsum hat liegen sehen, dann aber beim Entladen wahlweise erst einmal Richtung Aldi oder Sky geführt wird. Wobei Aldi die bessere Richtung ist, da bleiben die Westerländer Bausünden verborgen. Noch irritierender ist es, mit dem Zug auf der Insel der vermeintlich Schönen und Reichen anzukommen. Da stehen riesige, vom ersten Tag an windschiefe, froschgrüne Figuren auf dem gepflasterten Bahnhofsvorplatz; zwischen ihren Beinen hindurch schaut man auf Kik und Rossmann. Es gibt Besucher, die fahren mit genau dem Bild auch wieder ab. Und schütteln noch in Niebüll den Kopf. Klar, ist sicher irre gesund. Aber der Wind! Und wer fährt nach Portofino, weil es so gesund ist?

Die meisten aber sind dann infiziert. Es gibt keinen Impfstoff gegen das Unerklärliche. Luft, Licht, Natur mischen sich mit Shopping, Essen, Party machen, dabei sein oder einfach mal weg sein, Geld ausgeben, ohne sich zu genieren, mit den Kindern oder den Hunden oder mit sich stundenlang am vierzig Kilometer langen Strand sein. Neidisch sein und dabei den Kopf freikriegen. Solche Sachen funktionieren an der See. Und wo sonst ist man derart sicher?

Die ersten Touristen waren vor allem Künstler, ihnen folgten die anderen. Die gesellschaftliche Freiheit ist nicht mehr dieselbe, aber sie ist noch da. Und Mensch, haben wir es wieder gemütlich. Also, Kaschmirpulli umgeworfen oder in den Partnerlook von Adidas gezippt und los geht es. Das kommt ja noch dazu. Sylt ist eben nur ein bisschen die Schickimicki-Destination. Es empfängt den deutschen Zensus, auf seinem überschaubaren Traumschiff mit dem weiten Blick. Rüm hart, klaar kiming. Muss man nicht verstehen. Fühlen reicht.

Inga Griese ist Chefredakteurin von ICON, dem Life-style-Magazin der Welt am Sonntag. Wenn sie mal nicht arbeitet, verbringt sie ihre Zeit am liebsten auf – klaar: Sylt.

YOSEMITE-NATIONALPARK, USA, 2016

Auf Spritztour

„Universell nutzbares Freizeitinstrument für neue Erlebnisformen." So sachlich konnten wahrscheinlich nur deutsche Marketingleute Anfang der Achtziger ein Motorrad beschreiben, das dann so leidenschaftlich wie kaum ein anderes geliebt wurde. Die R 80 G/S ist ja ohne Frage das beste Bike, das es je gegeben hat. Wirklich, bewiesenermaßen! Der Norweger Helge Pedersen fuhr damit zehn Jahre lang um die Welt, 350 000 Kilometer, und „Olga", wie er seine GS nannte, ließ ihn nie im Stich. Außerdem gewann dieses Modell als erstes viermal die Paris–Dakar.

Hätten Italiener so eine Reiseenduro gebaut, wäre sie wahrscheinlich noch toller im Design, um dann irgendwann, mitten auf der Strecke, in Schönheit zu sterben. Bei den Engländern wäre sie eleganter und extravaganter ausgefallen, inklusive kleiner, einzigartiger Lecks. Die Chinesen hätten sie in jeder Hinsicht billiger gemacht. Und jetzt? Liegt ihre wahre Pracht in der Funktion. Die in Berlin-Spandau zusammengeschraubte Maschine ist in jeder Hinsicht exakt. Bis ins Kleinste durchdacht, perfekt gefertigt.

Das vielleicht einzige Problem: Mit so einer Legende unter dem Hintern glaubst du dann tatsächlich auch, du könntest alles schaffen. Du fühlst dich selbst genauso stark wie die Maschine – und meldest dich, so wie ich vor ein paar Jahren, einfach mal bei der LA / Barstow / Las Vegas an.

Obwohl das G/S für „Gelände und Straße" steht, ist das Bike vom Gewicht her viel zu schwer für diese Offroad-Rallye. Egal. Ich war mir meiner Sache total sicher. Fast wäre die Maschine bei einem Sturz unterwegs draufgegangen und ich gleich mit, aber dann habe ich mich wieder draufgesetzt und sie ist tatsächlich irgendwie weitergefahren, bis zum Schluss.

Eigentlich war BMW, damals Ende der Siebziger, schon kurz davor gewesen, keine Motorräder mehr zu bauen. Der Marke ging es schlecht, das Image war nicht ansatzweise so gut wie heute. Aber dann kam die GS und veränderte alles. Irgendwer hat mir mal erzählt, es sei das bestverkaufte Adventure Motorrad aller Zeiten.

Ich allein besitze jedenfalls mittlerweile fünf davon, alle mit anderen Spezifikationen. Die Maschine, die ich im Alltag fahre, habe ich „alte Dame" getauft, weil sie so zuverlässig und souverän schnurrt wie eine Wiesn-Bedienung, die zehn Maßkrüge trägt und nicht schwitzt, sondern dabei noch lächelt. Die alte Dame ist auch auf dem Foto zu sehen, das ich im Yosemite-Park aufgenommen habe. Es regnete in Strömen, sodass die Straßen bald nur noch Schlamm und Matsch waren. Genau ihr Ding. Sie macht sich gern schmutzig.

Hing Yeung ist Niederländer mit Wohnsitz in Los Angeles. Wenn er nicht Motorrad fährt, entwirft er Turnschuhe für verschiedene Marken.

Hinter dem Horizont geht's weiter:
Das Traumschiff, seit 1981 auf See.

CHRISTOPH KOCH ÜBER

Silke Wichert

Um zu verstehen, wie sehr Silke Wichert Mode und Stil lebt und liebt, hilft eine kleine Geschichte von den Schauen in Paris, gut fünf Jahre muss es her sein: Erst kurz vorher Mutter geworden, wäre es für sie trotzdem nie infrage gekommen, diesen Termin zu verpassen. Und so zog ihr Mann mit dem Kinderwagen seine Kreise, sie kam – kaum war drinnen das letzte Outfit gezeigt – nach draußen, stillte das kleine Bündel auf einer Bank, gab beiden einen Kuss, dann ging es weiter zur nächsten Schau. Dieser volle Einsatz für die Sache bei gleichzeitig grenzenloser Liebe für ihre Familie und ihre Freunde, ist es, was sie ausmacht. Nie zynisch oder herablassend, dabei aber immer mit einem scharfen Blick und der Fähigkeit zum freundlichen Spott ausgestattet. Und für ihren Mut, mit zwei kleinen Kindern mehr oder weniger spontan nach Barcelona auszuwandern, bewundere ich sie immer noch.

Silke Wichert hat bei ihrer Ankunft der *Welt am Sonntag* zu einem hervorragenden Stilteil verholfen, später kümmerte sie sich für das *SZ-Magazin* um Mode und alles, was damit zusammenhängt. Und das ist ja bekanntlich fast alles.

Dass Silke Wichert jetzt ein Buch über deutschen Stil zusammengestellt hat, freut mich aus zwei Gründen. Zum einen, weil ich dadurch besser verstehe, warum es in meiner Wohnung, in meinem Kleiderschrank und in den Straßen, durch die ich gehe, so aussieht, wie es aussieht. Und zum anderen, weil ich nun endlich ein Geschenk für die Freunde aus aller Welt habe, die nach Deutschland kommen und für manches, was sie hier sehen, nur ein ratloses „What's up with those Germans?" übrighaben. Völkerverständigung auf 224 Seiten.

CHRISTOPH AMEND ÜBER

Nina Zywietz

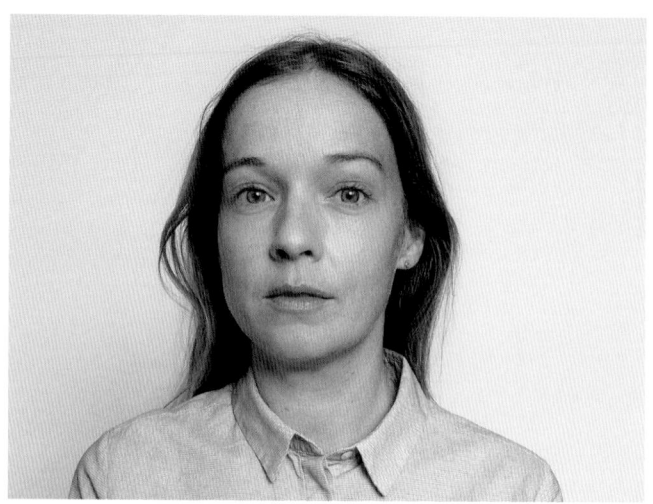

Zum ersten Mal begegnet sind wir uns in den Neunzigern in Barcelona auf dem Musikfestival Sonar. Sie arbeitete damals gerade am Comeback von Adidas, es war die Zeit, als der Superstar-Sneaker das erste Mal wiederkam. Eine gemeinsame Freundin hatte uns kurz vorgestellt, aber nach ungefähr drei Minuten haben wir uns im Getümmel verloren. Kein Name, keine Telefonnummer, kein Kontakt, so war das in den Neunzigern. Ein halbes Jahr danach in Berlin-Kreuzberg, als wir uns zufällig auf der Straße wieder begegnet sind und feststellten, dass wir beide gleichzeitig in den Bergmannkiez gezogen waren und zwei Straßen voneinander entfernt wohnten, haben wir es besser gemacht, Namen und Handynummern ausgetauscht. Warum ich das erzähle? Weil ich niemanden kenne, der so schnell und viel unterwegs ist wie Nina Zywietz; immer auf dem Sprung, immer mit offenen Augen, immer neugierig. Und mit einem Stil, den nur sie hat. Einmal haben japanische Fotografen sie auf der Straße angesprochen und gefragt, ob sie ein paar Fotos von ihr machen dürfen. Ein paar Monate später hat sie sich selbst bei einem Trip nach Japan auf riesigen Billboards in Tokio entdeckt.

Als ich sie damals in Kreuzberg getroffen habe, war sie aus Solingen nach Berlin gezogen, später hat sie in London, München, Hamburg gelebt und dazwischen immer wieder in Berlin, auch wenn ich sie in letzter Zeit meistens in Los Angeles erreicht habe. Als Creative Director und Marketingexpertin hat sie in führenden Positionen für nationale und internationale Marken, Verlage und Agenturen gearbeitet, und immer wieder ist ihr gelungen, was ihr damals mit Adidas gelungen ist. Denn sie hat diesen strategischen Style-Blick, den man nur hat, wenn man Mode gleichermaßen ernst und überhaupt nicht ernst nimmt.

BILDNACHWEISE

DANKE

Christoph Amend
Lars Amend
Pedro Beraldo
Ayzit Bostan
Kate Connolly
Ulrich Dahlmann
Felix Denk
Christa Dowling
Melissa Drier
Fabian Frinzel
Boris Frommen
Gunter Gebauer
Inga Griese
Florian Haupt
Christian Hiller
Linda Horbach
Mathias Irle
Oliver Jahn
Christoph Koch
Herlinde Koelbl
Peter Langer
María-Paz López
Timo Pape
Lutz Rackow
Boris Radczun
Peter Rigaud
Anna Rose
Christian Schaulin
Jaques Schumacher
Alison Smale
Stan Smith
Danilo Taino
Dagmar von Taube
Barbara Vinken
Hing Yeung

© 2017 teNeues Media GmbH & Co. KG, Kempen
Alle Rechte vorbehalten

Herausgegeben von Silke Wichert & Nina Zywietz
Idee & Konzept: Silke Wichert & Nina Zywietz
Feature Direction & Interviews: Silke Wichert
Creative Direction: Nina Zywietz
Art Direction & Design: Anna-Laura Schiller
studioschiller.com

STUDIO SCHILLER

Lektorat: Dr. Simone Bischoff
Projektmanagement & Bildredaktion: Regine Freyberg
Bildbearbeitung & Proofs: Jens Grundei
Herstellung: Alwine Krebber

ISBN 978-3-8327-6903-1

Printed in the Czech Republic

Bibliografische Information der Deutschen Nationalbibliothek
Die Deutsche Nationalbibliothek verzeichnet diese Publikation
in der Deutschen Nationalbibliografie; detaillierte bibliografische Daten sind im Internet über http://dnb.dnb.de abrufbar.

Published by teNeues Publishing Group

teNeues Media GmbH & Co. KG
Am Selder 37, 47906 Kempen, Germany
Phone: +49-(0)2152-916-0
Fax: +49-(0)2152-916-111
e-mail: books@teneues.com

Press department: Andrea Rehn
Phone: +49-(0)2152-916-202
e-mail: arehn@teneues.com

teNeues Publishing Company
7 West 18th Street, New York, NY 10011, USA
Phone: +1-212-627-9090
Fax: +1-212-627-9511

teNeues Publishing UK Ltd.
12 Ferndene Road, London SE24 0AQ, UK
Phone: +44-(0)20-3542-8997

teNeues France S.A.R.L.
39, rue des Billets, 18250 Henrichemont, France
Phone: +33-(0)2-4826-9348
Fax: +33-(0)1-7072-3482

www.teneues.com

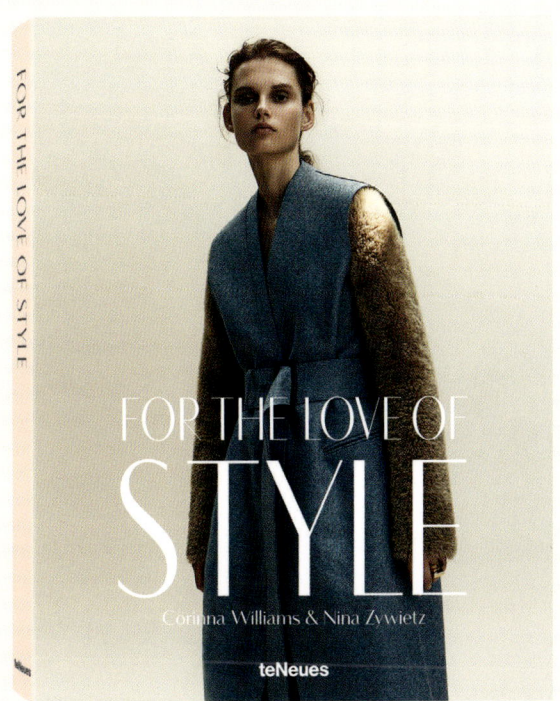